DISCURSOS E CONSELHOS

Voltaire

DISCURSOS E CONSELHOS

tradução MÁRCIA VALÉRIA MARTINEZ DE AGUIAR

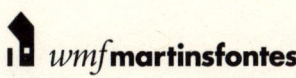

Textos selecionados por Acrísio Tôrres a partir da edição francesa das obras completas de Voltaire (Œuvres Complètes, Paris, Garnier, 1877-1883).
Copyright © 2021, Editora WMF Martins Fontes Ltda.,
São Paulo, para a presente edição.

1ª edição 2021

Editores *Alexandre Carrasco e Pedro Taam*
Tradução *Márcia Valéria Martinez de Aguiar*
Preparação de textos *Fernanda Alvares*
Revisões *Maria Regina Ribeiro Machado e Beatriz de Freitas Moreira*
Produção gráfica *Geraldo Alves*
Paginação *Renato Carbone*
Capa e projeto gráfico *Gisleine Scandiuzzi*

Dados Internacionais de Catalogação na Publicação (CIP)
(Câmara Brasileira do Livro, SP, Brasil)

Voltaire, 1694-1778
 Discursos e conselhos / Voltaire ; tradução Márcia Valéria Martinez de Aguiar. – 1. ed. – São Paulo : Editora WMF Martins Fontes, 2021.

 Título original: [Seleção de textos de Voltaire]
 ISBN 978-85-469-0336-8

 1. Discursos – Coletâneas 2. Filosofia 3. Textos – Coletâneas 4. Voltaire, 1694-1778 I. Título.

21-83408   CDD-194

Índice para catálogo sistemático:
1. Voltaire : Obras filosóficas   194

Maria Alice Ferreira – Bibliotecária – CRB-8/7964

Todos os direitos desta edição reservados à
Editora WMF Martins Fontes Ltda.
Rua Prof. Laerte Ramos de Carvalho, 133 01325-030 São Paulo SP Brasil
Tel. (11) 3293-8150 e-mail: info@wmfmartinsfontes.com.br
http://www.wmfmartinsfontes.com.br

SUMÁRIO

Apresentação VII

DISCURSOS E CONSELHOS

DISCURSO DO SENHOR VOLTAIRE 3

DISCURSO DO DOUTOR BELLEGUIER 17

DISCURSO AOS WELCHES 27

SUPLEMENTO DO DISCURSO AOS WELCHES 47

SUPLEMENTO DO DISCURSO AOS WELCHES 49

CARTA DO SENHOR PANCKOUCKE 53

RESPOSTA DO SENHOR V. 55

SERMÃO DOS CINQUENTA 57

DISCURSO DO CONSELHEIRO ANNE DUBOURG A SEUS JUÍZES 75

CONSELHOS AO SENHOR HELVETIUS 79

CONSELHOS AO SENHOR RACINE 83

CONSELHOS RAZOÁVEIS AO SENHOR BERGIER 95

Apêndices
  Apêndice 1. Carta do senhor Voltaire à Academia Francesa 115
  Apêndice 2. Observações sobre duas epístolas de Helvetius 137
  Apêndice 3. Profissão de fé dos teístas 169

APRESENTAÇÃO

Voltaire exerceu durante sua longa vida uma ampla variedade de formas literárias e abordou temas os mais diversificados. Ele escreveu sobre religião e filosofia, apresentou aos franceses a física de Newton, tratou da história e da literatura da França e da Europa, especulou sobre a alma e o corpo, sobre a liberdade, o destino, o mal, e interveio diversas vezes em questões políticas e comerciais e em processos de condenação religiosa. Voltaire escreveu contos em prosa e em verso, cartas, ensaios, tragédias, tratados, dicionários, diálogos, poemas, discursos e conselhos como os aqui reunidos.

Ao compilar um conjunto de quinze textos variados em sua forma e conteúdo, o presente volume expande a compreensão do público brasileiro da escrita e da ação de Voltaire, muitas vezes resumidas a uma vaga imagem de escritor de contos filosóficos e defensor da tolerância religiosa, o que, aliás, não é e nunca foi pouca coisa. Além disso, o leitor tem em mãos um conjunto de obras que cobrem um longo período da vasta produção literária do autor: dos *Conselhos ao Sr. Helvetius*, de 1738, à *Carta do Sr. Voltaire à Academia Francesa*, escrita em 1776. A compreensão da escrita de Voltaire passa por reconhecer a diversidade e complexidade dos registros de seus textos, e o presente volume ajuda o leitor nessa tarefa nem sempre fácil, pois traz desde discursos oficiais proferidos na mais prestigiosa instituição cultural da França, a Academia Francesa, até o *Sermão dos cinquenta*, texto clandestino jamais publicado nas coletâneas realizadas durante a vida do autor e cuja autoria ele reiteradamente recusou em sua correspondência. O discurso oficial impõe constrangimentos ao autor, e Voltaire, como indica sua correspondência, se irritou com os cortes que teve de fazer quando de seu discurso de posse na Academia Francesa. Estes constrangimentos não se impõem em um texto clandestino como o *Sermão dos cinquenta*, em que o autor desfere golpes diretos contra o fanatismo e a superstição religiosa, nem em uma crítica ácida a um poeta rival no campo ideológico, Louis Racine, colega de Voltaire no colégio jesuíta Louis le Grand e filho do grande dramaturgo francês Jean Racine. Há, porém, registros intermediários entre um texto escrito e proferido pessoalmente por ocasião solene e um texto clandestino. Os constrangimentos são de outra ordem, por exemplo, nos conselhos estilísticos que oferece ao amigo Helvetius, pois com eles Voltaire parece verdadeiramente desejar contribuir para a clareza e precisão das ideias morais e para a construção da versificação das poesias de um aliado. Na *Carta do senhor Voltaire à Academia Francesa*, outro discurso lido na Academia Francesa, cerca de trinta anos depois de seu discurso de posse que abre o presente volume, o já octogenário Voltaire se permite intervir de maneira contundente e sem rodeios no debate cultural de então sobre a proeminência de Shakespeare como dramaturgo.

Neste sortido conjunto de textos escritos ao longo de três décadas, destacam-se, entretanto, dois grandes assuntos recorrentes na obra de Voltaire: o gosto e a religião. Os que tratam de arte e literatura, do gosto de Voltaire[1], temos: o *Discurso do senhor Voltaire (em sua recepção na Academia Francesa)*, o *Discurso aos Welches* e seus dois suplementos, a *Carta do senhor Panckoucke* e a *Resposta do senhor V.*, os *Conselhos ao senhor Helvetius*, as *Observações sobre duas epístolas de Helvetius* e, por fim, a *Carta do senhor Voltaire à Academia Francesa*. Quanto aos textos sobre religião e moral, temos os seguintes: *Sermão dos cinquenta*, *Discurso do conselheiro Anne Dubourg a seus juízes*, os *Conselhos razoáveis ao senhor Bergier* e, finalmente, a *Profissão de fé dos teístas*. Dois outros textos escapam parcialmente a essa divisão, o *Discurso do doutor Belleguier* e os *Conselhos ao senhor Racine*. O primeiro é uma defesa da filosofia contra as acusações de ser perigosa para a religião e o Estado, o segundo vincula gosto e religião ao criticar tanto a escrita do poeta Louis

---

[1] Ver, Raymond Naves, *Le goût de Voltaire*, Editions Slatkine Reprints, 2011 (edição original Paris, Garnier, 1938), e Lucien Febvre, "Du goût de Voltaire a sa philosophie", *Annales d'histoire sociale* (1939-1941), t. 1, nº 3, jun. 1939, pp. 280-1.

Racine quanto sua defesa do cristianismo contra a filosofia moderna, sua tentativa de pôr em versos Arnauld, Santo Agostinho e Pascal, como diz Voltaire.

No *Discurso do doutor Belleguier,* publicado em 1773, o autor aproveita a ocasião do tema de concurso com viés antifilosófico proposto pela Faculdade de Teologia de Paris sobre se a filosofia era inimiga dos reis e de Deus para elaborar uma defesa da filosofia. O autor elenca uma série de exemplos históricos da irmandade entre religião e filosofia. Na verdade, Voltaire diz que a filosofia é "a mãe da religião pura e das leis sábias". Mais uma vez defende a religião como justiça e convívio pacífico entre os seres humanos e condena as religiões reveladas como responsáveis pelo sectarismo fanático. O texto deve, portanto, ser lido conjuntamente com os outros textos sobre religião. Afinal, não se trata de apresentar a filosofia como conformada à religião e ao poder, mas próxima de uma religião mínima natural na qual o autor acreditava, e que trazia consigo a crítica às demais religiões históricas. Portanto, a filosofia não é inimiga de Deus e dos reis, como sugeriam os apologistas, mas inimiga da superstição e da injustiça. Ao longo da história houve, porém, filósofos ateus. No entanto, para Voltaire, os filósofos, acreditando ou não em Deus, sempre "admitiram, sem nenhuma exceção, esta outra verdade, reconhecida por todos, que um cidadão deve estar submetido às leis de sua pátria; que é preciso ser bom republicano em Veneza e na Holanda, bom súdito em Paris e em Madri, sem o que este mundo seria o beco das gargantas cortadas (...)". Enfim, o texto vincula o furor e a violência ao fanatismo e à superstição, defendendo a filosofia justamente como o contrário do descontrole violento, pois ela "é simples, é tranquila, sem desejos, sem ambição; medita em paz longe do luxo, do tumulto e das intrigas do mundo; é indulgente, compassiva. Sua mão pura leva a chama que deve iluminar os homens; nunca usou-a para atear o incêndio em nenhum lugar da Terra."

Em *Conselhos ao sr. Racine sobre seu poema* Da Religião, *por um amante das belas-letras,* Voltaire se vale do anonimato para atacar frontalmente Louis Racine e realizar uma crítica completa de sua obra, cujo pecado principal seria a monotonia. Segundo Voltaire, não bastasse a monotonia que reina por todo o poema de Racine, sua discussão filosófica é pobre e inexata, por exemplo quando discute com o ateísmo (Racine fala do sistema dos ateus como fundado na ideia de acaso, enquanto Voltaire mostra que, na verdade, os ateus fundam seus sistemas na ideia de necessidade), suas fórmulas são simples e sem beleza. Enfim, Voltaire critica a falta de estilo do autor comparando os versos de Racine com alguns de sua própria lavra.

As discussões sobre o gosto e a literatura, sobre os poetas e a língua francesa, aparecem na obra que abre o presente volume, *Discurso do senhor Voltaire (em sua recepção na Academia Francesa)*, proferido em 1746, após duas tentativas frustradas de entrar para a instituição. A história da entrada de Voltaire para a Academia Francesa e as alterações que teve que realizar em seu discurso de recepção são por si mesmas curiosas. Voltaire teve que articular uma ampla rede de apoio que contava entre outros com os jesuítas, e se valeu até mesmo de um suposto apoio do então papa Bento XIV. Seu discurso de recepção na Academia Francesa discorre sobre a língua e a literatura francesas, sobre como os grandes autores do século XVII, Corneille e Racine, sobretudo, foram os responsáveis pela Europa falar e respeitar o francês[2], língua da conversação e da sociabilidade, segundo o autor. Há aqui como em todos os textos de Voltaire sobre o assunto a defesa da cultura francesa, do classicismo francês, como auge do refinamento da linguagem dramática ocorrido sob o reino de Luís XIV[3].

O leitor não se deve deixar enganar, no entanto, pela defesa do classicismo francês a ponto de confundi-la com um simples patriotismo. Como já mostravam as *Cartas filosóficas*, de 1734, originalmente *Cartas inglesas*, Voltaire adotou por diversas vezes uma perspectiva crítica em relação à França, principalmente se valendo de um ponto de vista inglês. Mesmo o texto de recepção na Academia, elogioso da cultura francesa, recorre ao caráter internacional de uma obra para julgar seu valor. Defender o gênio de sua língua e os modelos de Corneille e, sobretudo, Racine, não significa simplesmente aderir a uma superioridade francesa. O *Discurso aos Welches, por Antoine Vadé* não deixa dúvida sobre isto, e bem poderia ser acusado de antipatriótico. Quem são os *welches*? Ter-

---

[2] Sobre a hegemonia francesa na cultura do século XVII e XVIII, ver Marc Fumaroli, *Quand l'Europe parlait français*, Paris, Éditions de Fallois, 2001.

[3] Voltaire desenvolve a conexão entre arte e sociedade na obra *O século de Luís XIV*, principalmente no prefácio e nos últimos capítulos da obra.

mo de origem alemã, que fazia referência originalmente aos habitantes da Gália, então utilizado para significar o francês da fronteira e o estrangeiro em geral, sob a pena de Voltaire, transforma-se em mais uma de suas invenções terminológicas, como a *Infame*, e a ela muitas vezes é associada. O *welche* é o francês orgulhoso de si e de sua origem gaulesa, o sujeito que afirma a singularidade e a grandeza de uma nação que mal conhece, apegado a um passado fantasioso e grosseiro, enfim, o ufanista semiletrado que se enfuna ao falar de sua nação. Voltaire classifica de *welches* os escritores compiladores de seu tempo, mas não apenas eles. Aqueles que, desconhecendo outras línguas, orgulham-se da sua própria são *welches*. *Welches* eram também todos aqueles que viam em sua nação a primeira do mundo e que por uma singularidade nacional tornavam-se ridículos aos olhos de outras nações. Leiamos o trecho abaixo: "Primeiro povo do mundo, gostais de decorar vossos gabinetes: neles colocais belas estampas; mas deveis considerar que o florentino Finiguerra foi o pai desta arte que eterniza o que o pincel não pode conservar. Tendes belos relógios de pêndulo, mais uma invenção do holandês Huygens. (...) Gostaria, pois, que, em vossos livros, testemunhásseis vez por outra um pouco de reconhecimento por vossos vizinhos. (...) Logo que uma descoberta útil ilustra outra nação, vós a combateis, e durante longo tempo. Newton mostra aos homens pasmos os sete raios primitivos e inalteráveis da luz: negais a experiência durante vinte anos, em vez de repeti-la. (...) Finalmente, só vos rendeis quando toda a Europa inteira ri de vossa obstinação.

O método da inoculação salva, em outros países, a vida de milhares de homens: passais mais de quarenta anos tentando desacreditar esse uso salutar. Se, algumas vezes, ao levar ao túmulo vossas mulheres, vossos filhos mortos da varíola natural, experimentais um momento de remorso (como um momento de dor ou de saudade); se então vos arrependeis de não ter imitado a prática das nações mais sábias e mais resolutas que vós; se vos prometeis ousar fazer o que é tão simples naqueles países, esse movimento passa bem rápido; o preconceito e a leviandade logo retomam o costumeiro império. Ignorais, ou fingis ignorar, que nos relatórios dos hospitais de Londres, destinados à varíola natural ou artificial, a quarta parte dos homens morre da varíola comum, e no máximo uma pessoa em quatrocentas inoculadas. Deixais, pois, perecer um quarto de vossos concidadãos, e, quando ficais assustados com esse cálculo que vos declara tão imprudentes e tão culpados, que fazeis? Consultais doutores legitimados ou não legitimados por Robert Sorbon: instalais requisitórios!" Os *welches* são, enfim, os patriotas retrógrados.

Os textos *Carta do senhor Panckoucke* e a *Resposta do senhor V.* revelam a então importante disputa cultural em que Voltaire se viu envolvido, no caso, contra Élie Catherine Fréron (1719-1776), jornalista e editor do periódico *Année littéraire*. Essa disputa, que envolveu por exemplo a comédia *Philosophes* (1760), de Palissot, tinha em Fréron o "líder" do movimento anti-*philosophes* do início da segunda metade do século XVIII.

Nos *Conselhos ao senhor Helvetius* e nas *Observações sobre duas epístolas de Helvetius*, Voltaire se dirige a Claude Adrien Helvetius (1715-1771), com quem se encontrou pela primeira vez em Cirey, no verão de 1738, e cujo caráter admirava. No primeiro texto, Voltaire oferece ao jovem escritor doze regras a respeito da escrita e do assunto de uma epístola moral: aconselha a rapidez, o movimento e a concisão, a como pintar uma cena, o uso dos ornamentos, dos torneados e das imagens, fala sobre a expressão, o ordenamento do conjunto e a passagem de um tema a outro. No segundo, Voltaire considera duas epístolas em versos de Helvetius, reproduzindo os poemas e comentando algumas passagens. Ele sugere correções precisas de tempos verbais e expressões, aponta falta de conexão e clareza, critica imagens e comparações que considera inadequadas, aponta fraquezas ou excessos de termos. Sugere cortes de "que", "cuidado com os *que*. Esses malditos *que* debilitam tudo", diz Voltaire. Ele indica também os momentos felizes, os versos belos e as formulações precisas do texto de Helvetius. Enfim, exige sobretudo clareza e coesão das ideias apresentadas em versos, advertindo seu interlocutor sobre a concisão e a precisão e que uma ideia confusa em prosa não deve encontrar lugar em verso. "Coloca os seis primeiros versos em prosa, e pergunta a alguém se compreende essa prosa: a poesia exige ao menos igual clareza."

A *Carta do senhor Voltaire à Academia Francesa*, de 1776, encerra a discussão sobre o gosto do presente volume. No início daquele ano são publicados os dois primeiros volumes de uma nova tradução de Shakespeare feita por Le Tourneur. Voltaire direciona mais uma vez sua bateria contra o autor inglês. Ele já havia traduzido Shakespeare e elogiado seu gênio, mas já havia também gastado muita tinta para acusar sua falta de adequação, sua naturalidade crua e sua linguagem grosseira. No quadro do classicismo de Voltaire não há lugar para a falta de gosto, nos termos do autor, ou para o absoluto humano, nos termos de Leo Spitzer[4]. Ainda nos termos deste último, a arte de Voltaire enquadra o natural, os sentimentos e as paixões, exerce um "efeito de surdina" ao realizar uma "transposição da paixão para um discurso racional e policiado". A *Carta do senhor Voltaire à Academia Francesa*, lida em público em 25 de agosto de 1776, é mais uma investida de Voltaire contra Shakespeare por ocasião da nova tradução de sua obra e da anglomania então em voga na França, anglomania, aliás, para a qual ele próprio teria contribuído, reconhece Voltaire. O autor vê a mudança de gosto de sua nação e a derrocada do gosto clássico como decadência do teatro. Para a leitura do texto a Academia exigiu mais uma vez alguns cortes, e Voltaire, em sua correspondência com D'Alembert, foi diversas vezes instado pelo amigo a adotar um tom mais moderado em relação ao escritor inglês. Voltaire escolhe alguns trechos e os traduz para destacar o que vê como violento, grosseiro e baixo na obra de Shakespeare. Uma anedota sobre um viajante inglês em visita a Voltaire em Ferney resume bem a concepção do autor: o viajante inglês teria defendido Shakespeare, contra as críticas de baixeza e grosseria a ele dirigidas por Voltaire, afirmando que tudo aquilo que dizia o inglês era bem natural. Voltaire teria disparado: "*Minhas nádegas são naturais, mas uso calças.*" A natureza não se mostra crua no palco do grande gosto trágico.

Por sua vez, o conjunto de textos que tratam de religião carrega as duas marcas constantes dos escritos de Voltaire sobre o assunto: a defesa de uma religião natural, seu deísmo ou teísmo, e a crítica às religiões reveladas, sobretudo o judaísmo e o cristianismo. Por um lado, a defesa de um Deus que é ao mesmo tempo filosófico, causa primeira e fonte da ordem natural e social, e Deus *gendarme*, freio dos crimes, sobretudo daqueles cometidos pelos poderosos. De outro, uma série de ataques ao judaísmo e ao cristianismo, destacando a superstição, o fanatismo e a

---

[4] "Quelques interprétations de Voltaire". In: *Études de style*. Paris, Gallimard, 1970, pp. 336-66.

perseguição violenta como suas marcas. Voltaire procede sobretudo se valendo de seu conhecimento histórico, citando e comentando casos de violência e perseguição da história judaica e cristã, bem como destacando práticas supersticiosas que desvirtuam o teísmo originário, fundo moral universal de todas as religiões.

O *Sermão dos cinquenta* é um texto de gênese obscura que já circulava clandestinamente e em pequenos círculos desde o início dos anos 1750. O texto, "o mais violento jamais feito contra a religião cristã", diz o próprio Voltaire à marechala de Luxemburgo, em 9 de janeiro de 1765, fala sobre uma seita de cinquenta religiosos, aparentemente protestantes dissidentes, que se reúnem aos domingos, fazem uma prece, um sermão, jantam e depois fazem uma coleta para os pobres. Seria possível arriscar dizer que a rápida descrição dessa seita teísta guarda semelhanças com a imagem que Voltaire pinta dos *quakers*, dissidentes protestantes dos quais tinha uma visão positiva. O texto compila rapidamente uma série de eventos e passagens do primeiro e do segundo testamento para sublinhar tanto sua *falsidade*, seus discursos fabulosos e obscuros, quanto sua *imoralidade*, seus crimes e violência. Para esses cinquenta, a religião é a voz de Deus que deve unir os seres humanos, daí que toda religião revelada, localizada e particular, é rejeitada como incentivadora da divisão e da discórdia. Ao final do texto, o autor exorta que se leve a cabo a reforma, não de apenas alguns erros, mas de toda superstição e violência. O Deus inverossímil e violento dos judeus e dos cristãos deve dar lugar a um Deus único e universal, remunerador e vingador, terror dos déspotas e freio para o crime escondido.

Essa violência da perseguição religiosa reaparece no *Discurso do conselheiro Anne Dubourg a seus juízes*, texto de 1771 e que guarda uma força retórica muito grande. Anne Du Bourg (1520-1559) foi conselheiro do parlamento de Paris e mártir religioso protestante. Voltaire empresta suas palavras a um discurso do condenado prestes a ser enforcado. O discurso no patíbulo denuncia o absurdo da condenação, a destruição da equidade e da justiça e apresenta a coragem de alguém que, perante um tribunal injusto, sustenta um discurso calmo e grave, seguro que está sobre como o tempo julgará seus algozes: "Minha vida é pouca coisa, e eu a abandono a vós: vosso decreto é digno do tempo em que estamos. Prevejo tempos em que sereis ainda mais culpados e morro com o consolo de não ser testemunha desses tempos infortunados."

APRESENTAÇÃO

Os *Conselhos razoáveis ao senhor Bergier* foi publicado anonimamente em 1768 e traz vinte e cinco pontos com os quais Voltaire responde a Nicolas Sylvestre Bergier, um apologista que fez carreira como inimigo dos *philosophes*, e que debutou nas polêmicas com os filósofos criticando verbetes do *Dicionário filosófico* de Voltaire. Mesmo que Voltaire respeite esse adversário mais do que a outros, sua ironia não deixa de estar presente. Para Voltaire o assassinato de Henrique III por Jacques Clément e de Henrique IV por Ravaillac são mais provas da violência do fanatismo religioso respaldado pela Igreja e pelo cristianismo em geral. O massacre da noite de São Bartolomeu é para Voltaire o maior exemplo desse sectarismo fanático. Bergier atribui a violência ao furor de um indivíduo ou de uma seita, e o assassinato dos reis à intriga da corte. Voltaire combate o apologista com ironias, "Dizeis: 'Não é verdade que devemos à religião católica os horrores da noite de São Bartolomeu.' Ai de nós!, senhor, será à religião dos chineses ou dos brâmanes que a devemos?" Todavia, para combater mais seriamente as explicações de Bergier, Voltaire elabora uma importante discussão sobre as noções de prova e testemunho, sobre como processos formais e públicos devem conferir credibilidade aos testemunhos e às provas. Aqui intervém o Voltaire historiador, questionando a leviandade e a falta de método com a qual Bergier se vale de testemunhos para sustentar suas afirmações. Além disso, essa falta de acribia histórica do apologista reaparece quando Voltaire trata da autenticidade dos evangelhos, e a discussão histórica visa desacreditar as religiões reveladas e as explicações dos eventos em que o fanatismo religioso se viu implicado. Junto a essa reflexão histórica, Voltaire reitera a crença em um Deus remunerador e vingador, aquele que se não existisse seria preciso inventar, segundo sua conhecida fórmula.

Por fim, a presente coletânea se encerra com um texto exemplar do esforço de Voltaire em depreender das religiões reveladas um fundo moral universal: a *Profissão de fé dos teístas*. Neste texto publicado em 1768, o fanatismo e a superstição aparecem como camadas sobrepostas sobre uma religião natural e primeira, sem ritos, sem liturgia e corpo eclesiástico, fundada simplesmente no reconhecimento da existência de um ser primeiro e na justiça. Voltaire deseja reter das religiões reveladas apenas seu elemento mínimo moral, de temor a um Deus remunerador e vingador e de respeito ao próximo. Toda particularidade, tudo o que singulariza aparece apenas como camadas de superstição acumuladas com o tempo e que separam e dificultam o convívio dos seres humanos, ao invés de promovê-lo. São sobreposições fabulosas sobre uma religião orginalmente pura que reconhece Deus e prega a justiça entre os homens. Todo o resto dos "edifícios fantásticos" é construção do tempo e da loucura humana. Trata-se da defesa de uma religião natural, sem liturgia e títulos, que seria mais compatível com a vida civil e mais tolerante por ser universal – ou, como diz o autor, porque "o teísmo é gentil, e a superstição, bárbara".

Religião, moral, tolerância, arte, literatura, a língua e a cultura de um povo, tudo isso está entrelaçado nestes escritos. As religiões reveladas guardam superstições incompatíveis com a moral, enquanto o deísmo defendido por Voltaire seria justamente uma depuração daquilo que na religião gera violência e conflito. Seus textos denunciam os crimes cometidos em nome de Deus. Ao mesmo tempo, a arte e a literatura de uma época devem contribuir para o aperfeiçoamento dos costumes e, portanto, para a moral. É por essa razão que ele só poderia enxergar no poema de Racine uma peça antiquada. Isso tudo envolve a defesa de um padrão do que Voltaire achava ser a boa e alta literatura, o que implicava por isso mesmo a crítica ao gênio incontrolável de Shakespeare, ao mesmo tempo grandioso e horroroso – não podendo ser considerado modelo para nenhuma nação, muito mesmo para uma que teve Corneille, Racine e Molière.

Cabe, por fim, chamar a atenção para a inserção destes textos nas querelas e disputas da época, no esforço de compreender e responder as demandas de seu tempo. Ora, é isto justamente o Iluminismo. O que é o Iluminismo? Esta pergunta que enseja o famoso texto de Kant, é retomada também por Foucault. O traço distintivo do Iluminismo é a relação consciente com o seu tempo. Ontologia do presente, dirá Foucault, compromisso com a maioridade (ausência de tutela) no horizonte, afirmara Kant. Em todo caso, envolver-se com as querelas do tempo, buscar a compreensão do seu tempo e tomar partido nos debates públicos são atributos do filósofo iluminista. Voltaire caracteriza essa figura como tendo um espírito amplo e sociável, marca também encontrada no verbete "Filósofo", da *Enciclopédia*, de Diderot e D'Alembert. O filósofo participa da sociedade, aprende com ela e nela age a fim de reformá-la ou de ao menos diminuir a craca histórica que se acumulou em práticas e violências que ora ele pretende denunciar.

No entanto, a inserção pública e o engajamento nos temas de seu tempo não se realizam de maneira direta, sobretudo em tempos de censura e perseguição, e os textos aqui reunidos ajudam o leitor a compreender e experimentar essa variação de tom, de forma e de perspectivas. Permanece, no entanto, o alvo final: tudo aquilo e todos aqueles que contribuem para o atraso e a violência no convívio humano. Violência e atraso presentes nos fanatismos, na mistura entre religião e política, na intolerância e no obscurantismo, mas também encarnados, por exemplo, na recusa ufanista dos avanços da ciência de seu tempo.

RODRIGO BRANDÃO
Professor da Universidade Federal do Paraná.

DISCURSOS E CONSELHOS

DISCURSO DO SENHOR VOLTAIRE

*Em sua recepção na Academia Francesa
pronunciado na segunda-feira, 9 de maio de 1746*

Senhores,

Vosso fundador colocou, em vosso estabelecimento, toda a nobreza e grandeza de sua alma; quis que sempre fôsseis livres e iguais. Com efeito, teve que elevar acima da dependência homens que estavam acima do interesse e que, tão generosos quanto ele, davam às letras a honra que mereciam, de serem cultivadas por elas mesmas[1]. Temia-se, talvez, que um dia trabalhos tão honoráveis esmorecessem. Foi para conservá-los em seu vigor que adotastes a regra de não admitir nenhum acadêmico que não residisse em Paris. Ignorastes sabiamente essa lei, quando recebestes esses gênios raros, cujas dignidades os chamavam alhures, mas cujas obras tocantes ou sublimes os tornavam sempre presentes entre vós: pois seria violar o espírito de uma lei não transgredir-lhe a letra em favor dos grandes homens. Se o falecido senhor presidente Bouhier, após ter-se deliciado em vos consagrar seus dias, foi obrigado a passá-los longe de vós, a Academia e ele se consolaram, porque este não cultivava menos vossas ciências na cidade de Dijon, que produziu tantos ho-

---

[1] A Academia Francesa é a mais antiga da França; foi inicialmente composta de algumas pessoas de letras, que se reuniam para conferenciar juntas. Não é dividida entre honorários e pensionistas; só possui direitos honoríficos, como o dos comensais da casa do rei, de não discursar fora de Paris; o de arengar o próprio rei com as cortes superiores e somente prestar contas diretamente ao rei.

mens de letras[2], e na qual o mérito do espírito parece ser uma das características dos cidadãos.

Ele relembrava a França daqueles tempos em que os mais austeros magistrados, consumidos como ele no estudo das leis, repousavam das fadigas de seu ofício nos trabalhos da literatura. Como são dignos de lástima aqueles que desprezam esses trabalhos afáveis, como aqueles que põem não sei que miserável grandeza em se enclausurar no círculo estreito de seus ofícios! Ignoraram que Cícero, após haver ocupado o primeiro lugar do mundo, defendia ainda as causas dos cidadãos, escrevia sobre a natureza dos deuses, conferenciava com os filósofos; que ele ia ao teatro, que se dignava a cultivar a amizade de Esopo e de Róscio, deixando aos pequenos espíritos a constante gravidade, que não é senão a máscara da mediocridade?

Mas o presidente Bouhier era extremamente erudito; não se assemelhava, porém, a esses eruditos insociáveis e inúteis, que negligenciam o estudo da própria língua para conhecer imperfeitamente línguas antigas; que se acreditam no direito de menosprezar seu próprio século, porque se gabam de ter algum conhecimento dos séculos passados; que se comovem com uma passagem de Ésquilo e nunca tiveram o prazer de derramar lágrimas em nossos espetáculos. Traduziu o poema de Petrônio sobre a guerra civil; não que pensasse que essa declamação, repleta de pensamentos falsos, se comparasse à culta e elegante nobreza de Virgílio: sabia que a sátira de Petrônio[3], permeada, contudo, de iluminações encantadoras, nada mais era do que o capricho de um rapaz obscuro que não teve freios nem nos costumes nem no estilo. Homens que se fizeram passar por mestres de gosto e volúpia tudo estimam em Petrônio; e o senhor Bou-

---

[2] Os senhores De La Monnoie, Bouhier, Lantin e principalmente o eloquente Bossuet, bispo de Meaux, considerado o último Padre da Igreja.

[3] Saint-Évremond admira Petrônio porque o considera um grande homem de corte, e porque Saint-Évremond assim se considerava: era a mania da época. Saint-Évremond e muitos outros decidem que Nero estava ali retratado com o nome de Trimalcião; mas, na verdade, que relação poderia existir entre um velho financista grosseiro e ridículo e sua velha mulher, que não passa de uma burguesa impertinente, que provoca engulhos, e um jovem imperador e sua esposa, a jovem Otávia ou a jovem Popeia? Que relação existe entre os deboches e os pequenos furtos de alguns estudantes malandros e os prazeres do senhor do mundo? Petrônio, autor da sátira, é visivelmente um rapaz de espírito, educado entre licenciosos obscuros, e não o cônsul Petrônio.

hier, mais esclarecido, não estima nem mesmo tudo o que traduziu: um dos progressos da razão humana, neste século, é um tradutor já não ser idólatra de seu autor e saber julgá-lo como a um contemporâneo. Exerceu seus talentos nesse poema, no hino a Vênus, no Anacreonte, para mostrar que os poetas devem ser traduzidos em versos: era uma opinião que defendia com ardor, e não será surpresa para ninguém que eu me alie a seu sentimento.

Que me seja permitido, senhores, entrar aqui convosco nessas discussões literárias; minhas dúvidas me valerão vossos juízos. É assim que poderei contribuir para o progresso das artes; e preferiria pronunciar diante de vós um discurso útil a um discurso eloquente.

Por que Homero, Teócrito, Lucrécio, Virgílio e Horácio foram traduzidos entre os italianos e os ingleses de maneira feliz?[4] Por que essas nações não têm nenhum grande poeta da Antiguidade em prosa e por que nós ainda não tivemos nenhum em verso? Tentarei desvendar a razão.

A dificuldade superada, em qualquer gênero, constitui uma grande parte do mérito. A grandes coisas, grandes penas: e não há nação no mundo em que seja mais difícil que na nossa insuflar uma verdadeira vida à poesia antiga. Os primeiros poetas formaram o gênio de sua língua; os gregos e os latinos empregaram em primeiro lugar a poesia para pintar os objetos sensíveis de toda a natureza. Homero exprime tudo o que toca os olhos: os franceses, que só começaram a aperfeiçoar a grande poesia no teatro, não puderam e não tiveram que exprimir, então, senão o que pode tocar a alma. Proibimos insensivelmente a nós mesmos quase todos os objetos que outras nações ousaram pintar. Nada há que Dante não tenha exprimido, a exemplo dos antigos: ele acostumou os italianos a dizer tudo; mas como poderíamos nós, hoje, imitar o autor das *Geórgicas*, que nomeia sem rodeios todos os instrumentos da agricultura? Mal os conhecemos e nossa indolência orgulhosa, no seio do repouso e do luxo de nossas cidades, associa infelizmente uma ideia baixa a esses

---

[4] Horácio foi traduzido em versos italianos por (Stefano) Pallavicini; Virgílio, por Annibal Caro; Ovídio, por Anguillara; Teócrito, por Ricolotti. Os italianos têm cinco boas traduções de Anacreonte. Na Inglaterra, Dryden traduziu Virgílio e Juvenal; Pope, Homero; Creech, Lucrécio etc.

trabalhos campestres e ao detalhe dessas artes úteis, que os senhores e os legisladores da terra cultivavam com suas mãos vitoriosas. Se nossos poetas tivessem aprendido a exprimir de modo feliz as pequenas coisas, nossa língua somaria hoje esse mérito, que é bem grande, ao privilégio de ter se tornado a primeira língua do mundo para os encantos da conversação e para a expressão do sentimento. A linguagem do coração e o estilo do teatro prevaleceram inteiramente: embelezaram a língua francesa, mas encerraram seus atrativos em limites um tanto estreitos.

E, quando digo aqui, senhores, que foram os grandes poetas que determinaram o gênio das línguas[5], nada afirmo que já não seja de

---

[5] Não pudemos, num discurso institucional, entrar nas razões dessa dificuldade em relação à nossa poesia; ela vem do gênio da língua: pois, apesar de o senhor de La Motte, e muitos outros depois dele, ter afirmado em plena Academia que as línguas não têm gênio, parece demonstrado que cada uma tem o seu bem marcado.

Esse gênio é a aptidão para traduzir de modo feliz certas ideias e a impossibilidade de exprimir outras com sucesso. Esses recursos e esses obstáculos nascem: 1º da desinência dos termos; 2º dos verbos auxiliares e dos particípios; 3º da maior ou da menor quantidade de rimas; 4º do comprimento e da brevidade das palavras; 5º dos casos mais ou menos variados; 6º dos artigos e dos pronomes; 7º das elisões; 8º da inversão; 9º da quantidade nas sílabas; e, finalmente, de uma infinidade de sutilezas que são sentidas apenas por aqueles que fizeram um estudo aprofundado de uma língua.

1º *A desinência das palavras*, como *perdre, vaincre, un coin, sucre, reste, crotle, perdu, sourdre, fief coffre*: essas sílabas duras revoltam os ouvidos e são próprias a todas as línguas do Norte.

2º *Os verbos auxiliares* e os *particípios*. *Victis hostibus*, os inimigos tendo sido vencidos: quatro palavras por duas. *Laeso et invicto militi*: é a inscrição dos Inválidos de Berlim; se a traduzirmos, *para os soldados que foram feridos e não foram vencidos*, que frouxidão! Por isso a língua latina é mais apropriada para as inscrições que a francesa.

3º *A quantidade das rimas*. Abri um dicionário de rimas italianas e um de rimas francesas. Encontrareis sempre o dobro dos termos no italiano; e podereis ainda observar que, no francês, existem sempre vinte rimas burlescas e baixas para duas que podem entrar no estilo nobre.

4º *O comprimento e a brevidade das palavras*. É o que torna a língua mais ou menos apropriada para a expressão de certas máximas e para a medida de certos versos.

Jamais se pôde traduzir num belo verso francês:

Quanto si mostra men, tanto è piu bella.

Jamais se pôde traduzir em belos versos italianos:

Tel brille au second rang qui s'eclipse au premier.
[Alguns que em segundo plano brilham, no primeiro se eclipsam.]
(*Henriade*, I, 31)

C'est un poids bien pesant qu'un nom trop tôt fameux.
[Peso muito pesado é um nome precocemente famoso.]
(*Henriade*, III, 41)

vosso conhecimento. Os gregos só escreveram história quatrocentos anos após Homero. A língua grega recebeu desse grande pintor da natureza a superioridade que adquiriu entre todos os povos da Ásia e da Europa: foi Terêncio, entre os romanos, quem primeiro falou com uma pureza sempre elegante; foi Petrarca que, depois de Dante, deu à língua italiana a amenidade e a graça que ela conservou; é a Lope de Vega que o espanhol deve sua nobreza e sua pompa; foi Shakespeare que, por bárbaro que fosse, imprimiu ao inglês a força e a energia que nunca mais puderam ser aumentadas sem o tornar excessivo e, portanto, sem o enfraquecer. Qual a origem do grande efeito da poesia de formar e fixar o gênio dos povos e de suas línguas? O motivo é bem sensível: os primeiros bons versos, mesmo aqueles que apenas parecem assim, se imprimem na memória graças à harmonia. Seus torneados naturais e ousados tornam-se familiares; os homens, que já nascem imitadores, adotam insensivel-

---

5º *Os casos mais ou menos variados.* Meu pai, de meu pai, para meu pai, *meus pater, mei patris, meo patri*; isso é sensível.
6º *Os artigos e os pronomes. De ipsius negotio ei loquebatur.* Con ello parlava dell'affare di lui; *il lui parlait de son affaire* [ele lhe falava de seu caso]. Não há anfibologia no latim. Ela é quase inevitável no francês. Não sabemos se *son affaire* [seu caso] é o caso do homem que está falando ou o do homem com quem se está falando; o pronome *il* [ele] pode ser eliminado no latim e alonga o italiano e o francês.
7º *As elisões.*
                Canto l'arme pietose, e il capitano.
Nós não podemos dizer:
                Chantons la piété et la vertu heureuse.
                [Cantemos a piedade e a virtude feliz.]

8º *As inversões. César cultiva tous les arts utiles* [César cultivou todas as artes úteis]; só podemos formar essa frase desse único modo. Em latim, podemos dizê-la de cento e vinte maneiras diferentes:
                Caesar omnes utiles artes coluit.
Que incrível diferença!

9º *A quantidade nas sílabas.* Daí nasce a harmonia. As breves e as longas dos latinos formam uma verdadeira música. Quanto mais uma língua possui esse mérito, mais ela é harmoniosa. Nos versos italianos, por exemplo, a penúltima é sempre longa:
                Capitâno, mâno, sêno, christo, acquisto.
Cada língua tem pois seu gênio, que os homens superiores são os primeiros a sentir e a fazer com que os outros o sintam. Fazem eclodir esse gênio oculto da língua.

mente a maneira de se exprimir, e mesmo de pensar, dos primeiros homens cuja imaginação subjugou a dos demais. Discordareis acaso, senhores, quando digo que o verdadeiro mérito e a reputação de nossa língua começaram com o autor do *Cid* e de *Cinna*?

Montaigne, antes dele, era o único livro que atraía a atenção do pequeno número de estrangeiros que podiam conhecer o francês; mas o estilo de Montaigne não é nem puro, nem correto, nem preciso, nem nobre. É enérgico e familiar; exprime ingenuamente grandes coisas. É essa ingenuidade que agrada; gostamos do caráter do autor: deleitamo-nos ao nos enxergarmos naquilo que ele diz de si mesmo, ao conversarmos, mudarmos de discurso e de opinião com ele. Muitos dizem ter saudade da linguagem de Montaigne; é de sua imaginação que deveríamos ter saudade: era forte e ousada; mas sua língua estava longe de sê-lo.

Marot, que forjara a linguagem de Montaigne, foi quase desconhecido fora de sua pátria: foi apreciado entre nós por alguns contos ingênuos, por alguns epigramas licenciosos, cujo sucesso reside quase sempre no assunto; mas foi exatamente por esse pequeno mérito que a língua, durante muito tempo, foi aviltada: escreveram-se nesse estilo as tragédias, os poemas, a história, os livros de moral. O judicioso Despréaux disse: "Imitai de Marot a elegante troça." Ouso acreditar que ele teria dito a *ingênua* troça, se essa palavra mais verdadeira não tornasse seu verso menos fluido. As únicas obras verdadeiramente boas são aquelas que passam para as nações estrangeiras, que nelas são ensinadas, traduzidas; e em qual povo Marot foi algum dia traduzido?

Nossa língua não passou, muito tempo depois dele, de um jargão familiar, no qual conseguíamos, algumas vezes, fazer zombarias felizes; mas, quando se é apenas zombeteiro, não se é admirado pelas outras nações.

> *Enfim veio Malherbe, o primeiro na França*
> *Que exibiu em seus versos uma cadência justa,*
> *Ensinando o poder de uma palavra no lugar certo.*

Se Malherbe foi o primeiro a mostrar o que pode a grande arte das expressões bem colocadas, ele foi, portanto, o primeiro a ser *elegante*;

mas algumas estâncias harmoniosas bastariam para levar os estrangeiros a cultivar nossa linguagem? Liam o poema admirável da *Jerusalém*, o *Orlando*, o *Pastor Fido*, os belos escritos de Petrarca. Poder-se-ia associar a essas obras de arte um pequeníssimo número de versos franceses, bem escritos, é verdade, mas fracos e quase sem imaginação?

A língua francesa permaneceria pois para sempre na mediocridade sem um desses gênios feitos para mudar e para elevar o espírito de uma nação inteira: foi o maior de vossos primeiros acadêmicos, foi somente Corneille que começou a tornar nossa língua respeitável para os estrangeiros, precisamente na época em que o cardeal Richelieu começava a tornar respeitável nossa coroa. Ambos difundiram nossa glória pela Europa. Após Corneille vieram, não digo maiores gênios, mas melhores escritores. Um homem se elevou, que foi ao mesmo tempo mais apaixonado e mais correto, menos variado, mas menos desigual, tão sublime algumas vezes e sempre nobre sem empáfia; nunca declamador, falando ao coração com mais verdade e mais encantos.

Um de seus contemporâneos, incapaz talvez do sublime que eleva a alma e do sentimento que a enternece, mas talhado para esclarecer aqueles a quem a natureza concedeu essas duas coisas, laborioso, severo, preciso, puro, harmonioso, que se tornou, enfim, o poeta da razão, começou infelizmente escrevendo sátiras; mas logo igualou e superou talvez Horácio na moral e na arte poética: deu os preceitos e os exemplos; percebeu que a longo prazo a arte de instruir, quando perfeita, é mais profícua que a arte da maledicência, porque a sátira morre com suas vítimas e a razão e a virtude são eternas. Tivestes, em todos os gêneros, essa infinidade de grandes homens que a natureza fez nascer, como no século de Leão X e de Augusto. Foi então que os outros povos procuraram avidamente em vossos autores com que se instruir; e, graças, em parte, ao desvelo do cardeal Richelieu, adotaram vossa língua, como se apressaram em adornar-se com os trabalhos de nossos engenhosos artistas, graças ao desvelo do grande Colbert.

Um monarca ilustre entre todos os homens por suas cinco vitórias e mais ilustre ainda entre os sábios por seus vastos conhecimentos fez de nossa língua a sua, a de sua corte e a de seus Estados; fala-a com a força e o refinamento que o estudo apenas nunca confere e que é o caráter do gênio. Não só a cultiva, mas por vezes a enriquece, porque as almas superiores sempre apreendem os torneados e as expressões dignos dela, que não se apresentam para as almas débeis.

Existe em Estocolmo uma nova Cristina, semelhante à primeira em espírito e superior no resto; ela honra igualmente nossa língua. O francês é cultivado em Roma, onde era antigamente desdenhado: é tão familiar ao sumo pontífice quanto as línguas cultas em que ele escreve quando instrui o mundo cristão que governa; mais de um cardeal italiano escreve em francês, no Vaticano, como se tivesse nascido em Versalhes. Vossas obras, senhores, penetraram até mesmo nesta capital do mais remoto império da Europa e da Ásia, o mais vasto do universo; nesta cidade que não era, há quarenta anos, mais que um deserto[6] habitado por animais selvagens: nela são representadas vossas peças dramáticas, e o mesmo gosto natural que faz com que se receba, na terra de Pedro, o Grande, e de sua digna filha, a música dos italianos, faz com que se aprecie vossa eloquência.

Essa honra que tantos povos conferem a nossos excelentes escritores é um aviso que a Europa nos dá para não degenerarmos. Não diria que tudo está se precipitando para uma vergonhosa decadência, como frequentemente declaram os satíricos que pretendem, no íntimo, justificar sua própria debilidade imputando-a em público a seu século. Confesso que a glória de nossas armas sustenta-se melhor que a de nossas letras; mas o fogo que nos iluminava ainda não se extinguiu. Nesses últimos anos, não foram elas que produziram o único livro de cronologia, no qual foram pintados os costumes dos homens, o caráter das cortes e dos séculos? É uma obra que, se fosse secamente instrutiva como tantas outras, já seria a melhor de todas, e cujo autor[7], porém, encontrou ainda o segredo de agradar: coisa reservada ao ínfimo número de homens que são superiores às suas obras.

Mostrou-se a causa do progresso e da queda do império romano, num livro ainda mais curto, escrito por um gênio viril e rápido[8],

---

[6] O local em que se encontra São Petersburgo era apenas um deserto lamacento e inabitado.

[7] Trata-se do presidente Hénault. Em algumas traduções desse discurso, citou-se em nota o abade Lenglet, em vez do senhor Hénault; estranha confusão.

[8] O presidente Montesquieu.

que aprofunda tudo quando parece tudo aflorar. Jamais tivemos tradutores mais elegantes e mais fiéis. Verdadeiros filósofos escreveram, enfim, história. Um homem eloquente e profundo[9] formou-se no tumulto das armas. E um desses espíritos amáveis que Tibulo e Ovídio teriam visto como discípulo e de quem gostariam de ser amigos. O teatro, confesso, está ameaçado de uma queda próxima; mas ao menos nele vejo o gênio verdadeiramente trágico[10] que me serviu de mestre quando dei alguns passos nesse mesmo caminho; olho-o com uma satisfação mesclada de dor, como quando vemos sobre os destroços de nossa pátria um herói que a defendeu. Conto, entre vós, aqueles que, após o grande Molière, acabaram de transformar a comédia numa escola de costumes e de polidez: escola que merecia, entre os franceses, a consideração que um teatro menos apurado obteve em Atenas. Se o homem célebre, que foi o primeiro a adornar a filosofia com as graças da imaginação, pertence a um tempo mais remoto, ele ainda é a honra e a consolação do vosso.

Os grandes talentos são sempre necessariamente raros, sobretudo quando o gosto e o espírito de uma nação estão formados. Os espíritos cultos comportam-se então como aquelas florestas em que as árvores agrupadas e altas não suportam que nenhuma eleve a cabeça muito acima das outras. Quando o comércio está em poucas mãos, vemos algumas fortunas prodigiosas e muita miséria; quando, finalmente, é mais disseminado, a opulência é geral e as grandes fortunas, raras. É precisamente, senhores, porque existe muito espírito na França que encontraremos daqui por diante menos gênios superiores.

Mas, enfim, apesar dessa cultura universal da nação, não negarei que essa língua, que se tornou tão bela, e que deve ser fixada por tantas boas obras, pode se corromper facilmente. Devemos advertir os estrangeiros de que ela já está perdendo muito de sua pureza em quase todos os livros compostos naquela célebre república, tanto tempo nossa aliada, em que o francês é a língua dominante, em meio a facções contrárias à França. Mas, se está sendo alterada nesse país

---

[9] O marquês de Vauvenargues, jovem extremamente promissor, morto aos vinte e sete anos.
[10] Crébillon, autor de *Électre* e de *Rhadamiste*. Essas peças, repletas de rasgos verdadeiramente trágicos, são frequentemente representadas.

pela mistura dos idiomas, está prestes a degenerar entre nós pela mistura dos estilos. O que deprava o gosto deprava finalmente a linguagem. Tenta-se com frequência alegrar as obras sérias e instrutivas com as expressões familiares da conversação. Introduz-se com frequência o estilo de Marot nos mais nobres temas: é como vestir um príncipe com as roupas de um bufão. Usam-se palavras novas, que são inúteis, quando só devemos aventurá-las quando necessárias. Existem outros defeitos que me chocam ainda mais por ter eu neles incorrido mais de uma vez. Encontrarei entre vós, senhores, para não os cometer, o socorro que o homem esclarecido a quem sucedo concedia a si mesmo através dos estudos. Impregnado da leitura de Cícero, dela tirou o fruto de se consagrar a falar sua língua como o cônsul falava a dele. Mas cabe acima de tudo àquele que estudou particularmente as obras desse grande orador, e que era grande amigo do senhor presidente Bouhier, fazer reviver aqui a eloquência de um e vos falar do mérito do outro. Ele tem, hoje, ao mesmo tempo um amigo a prantear e a celebrar e um amigo a receber e a encorajar. Pode vos dizer com mais eloquência, mas não com mais sentimento que eu, que encanto a amizade derrama nos trabalhos dos homens consagrados às letras; quanto ela é útil para conduzi-los, corrigi-los, incitá-los e consolá-los; quanto ela inspira à alma a alegria doce e íntima sem a qual nunca somos senhores de nossas ideias.

Foi assim que esta Academia foi inicialmente formada. Tem uma origem ainda mais nobre que a que recebeu do próprio cardeal Richelieu: foi no seio da amizade que nasceu. Homens unidos entre si por esse laço respeitável e pelo gosto das belas-artes se reuniam sem se exibir em público; foram menos brilhantes que seus sucessores, e não menos felizes. A conveniência, a união, a candura, a crítica sadia, tão oposta à sátira, formavam suas assembleias. Elas sempre animarão as vossas, serão o eterno exemplo das pessoas de letras e servirão talvez para corrigir aqueles que se tornam indignos desse nome. Os verdadeiros amantes das artes são amigos. Quem mais do que eu tem o direito de dizê-lo? Ousaria me estender, senhores, sobre as bondades com as quais a maioria de vós me honra, se não devesse apagar-me para vos falar apenas do grande objeto de vossos trabalhos, dos interesses diante dos quais todos os outros se desvanecem, da glória da nação.

Sei quanto o espírito se cansa facilmente de elogios; sei que o público, sempre ávido de novidades, pensa que tudo a respeito de vosso fundador e de vossos protetores já está esgotado; mas poderia eu recusar o tributo que devo, porque aqueles que o pagaram antes de mim não me deixaram nada de novo a vos dizer? Esses elogios que repetimos são como essas solenidades sempre iguais que despertam a memória dos acontecimentos caros a um povo inteiro: elas são necessárias. Celebrar homens como o cardeal Richelieu, Luís XIV, um Séguier, um Colbert, um Turenne, um Conde é dizer alto e bom som: "Reis, ministros, generais do futuro, imitai esses grandes homens." Acaso não sabemos que o panegírico de Trajano incitou Antonino à virtude? E Marco Aurélio, o primeiro dos imperadores e dos homens, acaso não confessa em seus escritos a emulação que lhe inspiraram as virtudes de Antonino? Quando Henrique IV ouviu, no parlamento, chamarem Luís XII de *pai do povo*, sentiu-se penetrado do desejo de imitá-lo e o superou.

Pensai, senhores, que as honras prestadas por tantas bocas à memória de Luís XIV não se fizeram ouvir no coração de seu sucessor, desde sua mais tenra infância? Dirão, um dia, que ambos caminharam para a imortalidade, ora pelos mesmos caminhos, ora por vias diferentes. Serão semelhantes porque, unicamente por reconhecimento, não se furtaram a carregar o peso de suas responsabilidades; e foi nisso, talvez, que foram os maiores. A posteridade dirá que ambos amaram a justiça e comandaram seus exércitos. Um buscava com ardor a glória que merecia; chamava-a a si do alto de seu trono; ela o acompanhava em suas conquistas, em seus empreendimentos; com ela ele enchia o mundo: exibia uma alma sublime na felicidade e na adversidade, em seus campos, em seus palácios, nas cortes da Europa e da Ásia; as terras e os mares testemunhavam sua magnificência; e os menores objetos, logo que estabeleciam com ele alguma relação, ganhavam um novo caráter e recebiam o selo de sua grandeza. O outro protege imperadores e reis, subjuga províncias, interrompe o curso de suas conquistas para ir socorrer seus súditos e os rouba dos braços da morte, da qual por pouco escapou. Conquista vitórias; faz as maiores coisas com uma simplicidade tal que levaria a pensar que o que assusta o resto dos homens é para ele da mais comum e mais corriqueira ordem. Oculta a grandeza de sua alma, sem mesmo buscar ocultá-la; e não pode enfraquecer-lhe os raios que, traspassando à sua revelia o véu de sua modéstia, adquirem um brilho mais durável.

Luís XIV notabilizou-se por monumentos admiráveis, pelo amor a todas as artes, pelos incentivos que lhes prodigalizou. Ó vós, seu augusto sucessor, já o imitastes e esperais somente essa paz que buscais com vossas vitórias para realizar todos os vossos projetos generosos que exigem dias tranquilos.

Começastes vossos triunfos na mesma província na qual começaram os de vosso bisavô, e vós os estendestes para mais longe. Ele lamentou não ter podido, ao longo de suas gloriosas campanhas, forçar um inimigo digno dele a medir suas armas com as dele, numa batalha planejada. Essa glória que ele desejou, vós dela gozastes. Mais feliz que o grande Henrique, que quase só conquistou vitórias sobre sua própria nação, vencestes os eternos e intrépidos inimigos da vossa. Vosso filho, depois de vós, o objeto de nossas esperanças e de nossos temores, aprendeu, ao vosso lado, a ver o perigo e mesmo a desgraça sem se abalar e o mais belo triunfo sem se deslumbrar. Enquanto tremíamos por vós em Paris, estáveis no meio de um campo de guerra, tranquilo nos momentos de horror e de confusão, tranquilo na alegria tumultuosa de vossos soldados vitoriosos; abraçastes o general que só desejara viver para vos ver triunfar, o homem que vossas virtudes e as dele tornaram vosso súdito, que a França terá sempre como um de seus filhos mais ilustres. Já recompensáveis, com vossos testemunhos e elogios, todos os que haviam contribuído para a vitória; e essa recompensa é a mais bela para franceses.

Mas o que será para sempre conservado nos anais da Academia, o que é preciso para cada um de vós, senhores, é o fato de um de vossos confrades ter sido quem mais serviu a vosso protetor da França nessa batalha; foi ele que, após voar de batalhão em batalhão, após combater em tantos lugares diferentes, correu a dar e a executar esse conselho tão pronto, tão salutar, tão avidamente recebido pelo rei, cuja visão discernia tudo, nesses momentos em que ela pode tão facilmente desorientar-se. Gozai, senhores, do prazer de ouvir nesta assembleia as mesmas palavras que vosso protetor disse ao sobrinho[11]; de vosso fundador, no campo de batalha: "Jamais esquecerei o importante serviço que me haveis prestado." Mas, se essa glória particular vos é cara, como são caros para a França inteira, como o serão um dia para a Europa, os trâmites pacíficos que Luís XV efetuou após suas vitórias! Ele continua a efetuá-los, corre aos inimigos apenas para desarmá-los, só quer vencê-los para subjugá-los. Se pudessem conhecer o fundo de seu coração, fariam dele seu árbitro em vez de combatê-lo, e esse seria talvez o único meio de obter alguma vantagem sobre ele[12]. As virtudes que o fazem temido, eles as sentiram assim que ele comandou; as que devem conquistar-lhes a confiança, que devem ser o elo entre as nações, exigem mais tempo para ser percebidas pelos inimigos.

Nós, mais felizes, conhecemos sua alma assim que começou a reinar. Pensamos como pensarão todos os povos e todos os séculos: o amor nunca foi tão verdadeiro nem tão bem expresso; todos os nossos corações o sentem, e vossas bocas eloquentes são seu intérprete. Medalhas dignas dos mais belos tempos da Grécia[13] eternizam seus triunfos e nossa felicidade. Pudesse eu ver em nossas praças públicas esse monarca humano, esculpido pelas mãos de nossos Praxíteles, cercado por todos os símbolos da felicidade pública! Pudesse eu ler ao pé de sua estátua as palavras que estão em nossos corações: *Ao pai da pátria!*

---

[11] O senhor marechal Duque de Richelieu.

[12] Os acontecimentos justificaram, em 1748, o que dizia o senhor Voltaire em 1746.

[13] As medalhas cunhadas no Louvre são superiores às mais belas da Antiguidade, não pelas lendas, mas pelo desenho e pela beleza das moedas.

DISCURSO DO DOUTOR BELLEGUIER ANTIGO ADVOGADO

Sobre um texto proposto pela universidade da cidade de Paris, como tema para o prêmio do ano de 1773

> Non magis Deo quam regibus infensa est ista quae vocatur hodie philosophia.
> [A hoje chamada filosofia é tão pouco inimiga de Deus quanto dos reis.]

Não componho para o prêmio da Universidade: não tenho tanta ambição: mas o assunto me parece tão belo e tão bem enunciado que não posso resistir à vontade de tomá-lo como tema.

Não, sem dúvida, a filosofia não é e não pode ser inimiga de Deus nem dos reis, se for permitido colocar homens ao lado do Ser eterno e supremo. A filosofia é expressamente o amor da sabedoria, e seria o cúmulo da loucura ser inimiga de Deus, que nos dá a existência, e dos reis, que nos são dados por ele para tornar a existência feliz, ou ao menos tolerável. Ousemos em primeiro lugar dizer uma palavra sobre Deus, em seguida falaremos dos reis. Entre esses dois objetos, existe o infinito.

Sobre Deus

Sócrates foi o mártir da Divindade, e Platão, seu apóstolo. Zaleuco, Charondas, Pitágoras, Sólon e Locke, todos filósofos e legisladores, recomendaram em suas leis o amor a Deus e ao governo sob o qual ele nos fez nascer. Os belos versos do verdadeiro Orfeu, que encontramos esparsos em Clemente de Alexandria, falam da grandeza de Deus com sublimidade. Zoroastro anunciava-a à Pérsia, e Confúcio à China. Apesar de tudo o que possa ter dito a ignorância, apoiada na malignidade, a filosofia foi, em todos os tempos, a mãe da religião pura e das leis sábias.

Se existiram tantos ateus entre os sutilíssimos gregos, e entre os romanos, seus imitadores, imputemos unicamente a mentirosos públicos, avaros, cruéis e velhacos, aos Padres da Antiguidade, o excesso monstruoso em que esses ateus caíram. Alguns negaram a Divindade porque os sacrificadores a tornavam odiosa, e os oráculos, ridícula. Outros, como os epicuristas, indignados com o papel representado pelos deuses no governo do mundo, afirmavam que não se dignavam envolver-se com as miseráveis ocupações do homem. O carro da fortuna andava tão mal que parecia impossível seres benfazejos estarem segurando-lhe as rédeas. Epicuro e seus discípulos, aliás pessoas amáveis e honestas, eram tão maus físicos que afirmavam sem dificuldade a existência de um deus no Sol e em cada planeta; mas acreditavam que esses deuses passavam o tempo todo bebendo, divertindo-se, sem fazer nada. Imaginavam-nos como cônegos alemães.

Os verdadeiros filósofos não pensavam assim. Os Antoninos, tão grandes no trono do mundo então conhecido, e Epiteto, a ferros, reconheciam, adoravam um Deus todo-poderoso e justo: esforçavam-se para ser justos como ele.

Jamais afirmariam, como o autor do *Sistema da natureza*, que o jesuíta Needham houvesse criado enguias e que Deus não pudesse ter criado o homem. Needham não lhes pareceria um filósofo, e o autor do *Sistema da natureza* seria visto unicamente como um tagarela pelo imperador Marco Antônio.

O astrônomo que vê o curso dos astros estabelecido segundo as leis da mais profunda matemática deve adorar o eterno Geômetra. O físico que observa um grão de trigo ou o corpo de um animal deve reconhecer o eterno Artesão. O homem moral que procura um ponto de apoio para a virtude deve admitir um ser tão justo quanto supremo. Assim, Deus é necessário ao mundo em todos os entidos, e pode-se dizer, com o autor da *Epístola** ao escrevinhador do insípido livro dos *Três impostores*:

Se Deus não existisse, seria preciso inventá-lo.

---

* *Epître à l'auteur du livre des* Trois imposteurs [Epístola ao autor do livro dos *Três impostores*], de Voltaire. (N. da T.)

Disso concluo que *ista quae vocatur hodie philosophia*, aquela que hoje é chamada de filosofia, é o mais digno apoio da Divindade, se algo pode ser digno na Terra. Que o Céu não me permita fazer frases para esmaecer tão importante verdade!

Os filósofos que reconheceram um Deus, e os sofistas que o negaram, todos eles admitiram, sem nenhuma exceção, esta outra verdade, reconhecida por todos, que um cidadão deve estar submetido às leis de sua pátria; que é preciso ser bom republicano em Veneza e na Holanda, bom súdito em Paris e em Madrid, sem o que este mundo seria o beco das gargantas cortadas, como muitas vezes foi.

Quando o antigo parlamento de Paris e a universidade de Paris reconheceram de joelhos o inglês Henrique V como rei da França, quem foi fiel ao rei legítimo?... Gerson, o filósofo Gerson, honra eterna da universidade, homem que com uma mão ousava se opor aos furores de quatro antipapas igualmente culpados, e com a outra se apresentava para levantar, se pudesse, o trono derrubado de seu mestre. Morreu em Lyon, em um exílio que o tornava ainda mais venerável para os sábios, enquanto seus confrades teólogos, arrancados de seu santo ministério pela fúria das guerras civis, faziam a corte aos ingleses, recebendo unicamente desprezo, ultrajes e cadeias.

Ora pois! Acaso estava ocupado com as propriedades da matéria, com a antiguidade do mundo e com as leis da gravitação o homem que justificou e canonizou publicamente o abominável assassinato do duque de Orléans, irmão de Carlos VI, o bem-amado? Era um doutor em teologia; era Jean Petit, devoto fervoroso da Virgem, para a qual compusera uma prece ao gosto da oração dos trinta dias. Acaso eram platônicos, acadêmicos ou aqueles que, durante o mesmo reino, fizeram espirrar no delfim o sangue de dois marechais de França, e que massacraram, nas ruas de Paris, três mil e quinhentos fidalgos? Chamavam-se *maillotins, cabochiens*[1]. Não se trata de uma seita de filosofia.

Se, quando queimaram viva em Rouen a heroína campestre que salvou a França, houvesse na faculdade de teologia um filósofo, ele

---

[1] *Maillotins*, insurgentes de Paris que, no século XIV, se revoltaram contra o poder fiscal, usando como arma o *maillet* [maço], daí o nome *maillotins*.
Cabochiens, facção popular borgonhesa comandada por Simon Caboche, durante o reinado de Carlos VI.

não toleraria que essa moça, para quem a Antiguidade teria erigido altares, fosse queimada viva em uma fogueira montada sobre uma plataforma de dez pés de altura, a fim de que seu corpo, lançado nu nas chamas, pudesse ser contemplado dos pés à cabeça pelos piedosos espectadores. Essa execrável barbárie foi ordenada por uma petição da sagrada faculdade, por sentença de Cauchon, bispo de Beauvais, do frei Martin, vicário-geral da Inquisição, de nove doutores da Sorbonne, de trinta e cinco outros doutores em teologia. Esses bárbaros não teriam abusado do sacramento da confissão para condenar a guerreira vingadora do trono ao mais terrível dos suplícios; não teriam escondido dois padres atrás do confessionário para ouvir seus pecados e formar contra ela uma acusação; não teriam, como já foi dito, sido sacrílegos para serem assassinos.

Esse crime, tão horrível e tão covarde, não foi cometido pelos ingleses; foi cometido única e exclusivamente pelos teólogos da França, pagos pelo duque de Bedford. Dois desses doutores, na verdade, foram condenados, mais tarde, a perecer pelo mesmo suplício, quando Carlos VII saiu vitorioso; mas a mais bela expiação da Sorbonne foi seu arrependimento e sua fidelidade a nossos reis, quando as conjunturas se tornaram mais favoráveis.

Passo, com pesar, aos horrores da Liga contra Henrique III e contra o grande Henrique IV. Esses tempos, a partir de Francisco II, foram abomináveis; mas é doce poder dizer que o filósofo Montaigne, o filósofo Charron, o filósofo chanceler L'Hospital, o filósofo De Thou, o filósofo Ramus nunca se envolveram nas conspirações. A virtude deles pede graças para seu século.

A noite de São Bartolomeu, cuja memória durará tanto quanto o mundo, nunca lhes será imputada.

Confessarei ainda, se quiserem, aos jesuítas, eternos e deploráveis inimigos do parlamento e da Universidade, que o antigo parlamento de Paris, que não era filósofo, começou um processo criminal contra Henrique III, seu rei, e nomeou, para inquirir, os conselheiros Courtin e Michon, que também não eram filósofos.

Não dissimularei que o doutor Rose, o doutor Guincestre, o doutor Boucher, o doutor Aubry, o doutor Pelletier, condenados posteriormente à roda, foram as trombetas do assassínio e da carnificina. Muitos já afirmaram que o doutor Bourgoin fez descer uma estátua da Virgem para incitar frei Jacques Clément ao parricídio; admito-o gemendo. Repetem-me que setenta doutores da Sorbonne declararam, em nome do Santo Espírito, todos os súditos desligados de seu juramento de fidelidade; admito-o com horror.

Gritam-me que, na época em que Henrique IV preparava sua abjuração, e quando os cidadãos apresentaram uma petição para tentar algum arranjo com esse grande homem, esse bom rei, esse conquistador e pai da França, toda a faculdade de teologia reunida condenou a petição como *inepta, sediciosa, ímpia, absurda, inútil, visto ser conhecida a obstinação de Henrique, o relapso*. A faculdade declara expressamente que todos os que falam em convencer o rei a professar a religião católica são *perjuros, sediciosos, perturbadores do reino, heréticos, incitadores de heréticos, suspeitos de heresia, cheirando a heresia; e que devem ser expulsos da cidade, para evitar que esses animais pestilentos infectem todo o rebanho*.

Esse decreto de 1º de novembro de 1592 encontra-se, na íntegra, no *Journal d'Henri IV* [Diário de Henrique IV]. O respeitável De Thou relata decretos ainda mais horríveis e que arrepiam os cabelos.

Abençoemos os filósofos que ensinaram aos homens que é seu dever prodigalizar os bens e a vida a seu rei, seja ele da religião de Maomé, de Confúcio, de Brahma ou de Zoroastro.

Mas responderei sempre que a Sorbonne arrependeu-se de seus desvios, e que devemos imputá-los unicamente à infelicidade dos tempos. Uma companhia pode se equivocar: é composta de homens; mas esses mesmos homens consertam seus erros. A razão, a doutrina sadia, a modéstia, a desconfiança com relação a si mesmo vêm tomar o lugar da ignorância, do orgulho, da demência e do furor. Ninguém mais ousa condenar alguém após ter sido ele próprio tão condenável. Quem foi perverso pode tornar-se, depois, melhor. Ser a edificação de uma pátria de que foi o horror e o escândalo.

Os jesuítas cansaram a França com o relato de tantos crimes; mas a Universidade, por seu lado, censurou os irmãos jesuítas por terem colocado a faca na mão de Jean Châtel, por terem forçado o grande Henrique IV a dizer ao duque de Sully que preferia chamá-los de volta e torná-los amigos a temer continuamente o punhal e o veneno. Ela os pintou, em todos os processos contra eles, como soldados de batina, com um poder perigoso, como espiões de todas as cortes, inimigos de todos os reis, traidores de todas as pátrias.

Quantas vezes o doutor Arnauld, o doutor Boileau, o doutor Petit-Pied e tantos outros doutores não imputaram a esses jesuítas a bancarrota de Sevilha, que precedeu em um século a bancarrota do frei La Valette; seus caluniadores contra o bem-aventurado Don Juan de Palafox; e, após oito volumes inteiros de tais críticas, não expuseram novamente a seus olhos a conspiração da pólvora, e três jesuítas esquartejados por esse crime inconcebível? Acaso os jesuítas ficaram menos orgulhosos de tal feito? Não: por mais esmagados que estejam, restam-lhes três dedos de que se servem para imprimir em Avignon que os doutores da Sorbonne são ignorantes insolentes, e para repetir, como plagiários, o que o senhor Deslandes, da Academia de Ciências, colocou em nota em seu terceiro tomo, p. 299, que *a Sorbonne é hoje o corpo mais desprezível do reino.*

Esses ultrajes, essas injúrias recíprocas, nada têm de filosóficos; direi mais, nada têm de cristãos.

Observarei, como bom súdito, que nos distúrbios da Fronda, não menos terríveis, talvez, que a conspiração da pólvora, mas infinitamente mais ridículos, nem Descartes, nem Gassendi, nem Pascal, nem Fermat, nem Roberval, nem Méziriac, nem Rohaut, nem Chapelle, nem Bernier, nem Saint-Évremont, nem nenhum outro filósofo pôs a prêmio a cabeça do cardeal primeiro-ministro. Nenhum deles roubou o dinheiro do rei para pagar essa cabeça; nenhum deles forçou Luís XIV e sua mãe a fugirem do Louvre e se deitarem na palha em Saint-Germain; nenhum deles fez guerra contra seu rei e levantou contra ele o regimento das Portas-cocheiras, nem o regimento de Corinto etc.

Admito, com o jesuíta autor do pequeno livro *Tout se dira* [Tudo será dito], que "todos esses pequenos erros cometidos com boa intenção o eram por mestre *Quatro homens*, mestre *Quatro-vinténs*, mestre Bitaud, mestre Pitaut, mestres Boisseau, Gratau, Martinau, Roux, Crépin, Cullet etc.", todos tutores de reis e que tinham comprado a tutela: não eram filósofos. Não sou eu que o digo, é o jesuíta autor de *Tout se dira* e do *Appel à la raison* [Apelo à razão]. Não sei se ele é mais filósofo do que os senhores Cullet e Crépin. O que sei certamente, com toda a Europa, é que durante todo o tempo em que Gondi-Retz foi arcebispo de Paris, ele foi vão, insolente, debochado, faccioso, criminoso de lesa-majestade. Quando se tornou filósofo, foi bom súdito, bom cidadão; foi justo.

Responderei sobretudo aos detratores do antigo parlamento de Paris, como aos da Universidade; direi: ele se arrependeu, ele foi fiel a Luís XIV.

Já foi afirmado que Malagrida e o assassino do rei da Polônia, assim como os de dois outros grandes príncipes, tinham um verniz de filosofia; mas, submetida a exame, essa acusação foi reconhecida como falsa.

Enfim, se remontarmos do tempo presente aos tempos passados, nos outros países da Europa, veremos que a filosofia nunca foi objeto de suspeita, da parte de ninguém, do assassinato de Farnèse, duque de Parma, bastardo do papa Paulo III; do assassinato de Galeas Sforze em uma igreja; do assassinato dos Médici em outra igreja durante a elevação da eucaristia, a fim de que o povo prosternado não visse o crime, e que Deus fosse a única testemunha.

A filosofia não foi cúmplice dos inúmeros assassinatos e dos envenenamentos cometidos pelo papa Alexandre VI e por seu bastardo César Bórgia. Ide até o papa Sérgio III: desafio-vos a encontrar algum filósofo culpado do menor distúrbio durante todos esses séculos em que a Itália foi sem cessar transtornada.

Venderam, nos Estados da Itália, pertencentes ao rei da Espanha, a famosa Bula da Cruzada, que, mediante dois reais de prata, salvava uma alma do fogo eterno do inferno e permitia a seu corpo comer carne aos sábados. Traficava-se também com a Bula do Perdão, que permitia aos ladrões guardar uma parte do que haviam roubado, contanto que aplicassem uma parte em obras pias; mas essa bula custava dez ducados. Compravam-se dispensas de tudo, a todo preço. As frineias e os gitões triunfavam de Milão a Tarento. Os benefícios, instituídos para alimentar os pobres, eram vendidos publicamente para alimentar o luxo; e os beneficiários empregavam a adaga e a cantarella contra os beneficiários que lhes roubavam seus gitões e suas frineias. Nada igualava os debochos, as perfídias, os sacrilégios de certos monges. Entretanto Galileu, o restaurador da razão, demonstrava tranquilamente o movimento da Terra e dos outros planetas em suas órbitas elípticas, em torno do Sol imóvel em seu lugar no centro do mundo e girando sobre si mesmo.

Ó, o homem perigoso! Ó, o inimigo de todos os reis e do grão-duque de Toscana e da santa Igreja! Exclamaram as universidades: o monstro! Ele ousa provar que a Terra gira, enquanto o sábio Josué garante formalmente que o Sol parou em Gabaon, e a Lua em Ajalon em pleno meio-dia!

Galileu não foi queimado, o grão-duque o protegia. O Santo Oficio contentou-se em declará-lo absurdo e herético, cheirando heresia: foi condenado apenas ao confinamento, a passar a pão e água e a recitar o rosário. Recitou sem dúvida seu rosário, o grande Galileu: *Iste qui vocabatur philosophus.*

Voltai os olhos para essa famosa ilha, durante muito tempo mais selvagem que nós mesmos, habitada como nosso infeliz país pela ignorância e pelo fanatismo, coberta como a França pelo sangue de seus cidadãos; perguntai que prodígio a transformou, por que não tem mais Fairfax, Cromwell, Ireton? Como às guerras tão abomináveis quanto religiosas, que fizeram rolar a cabeça de um rei no cadafalso, sucedeu uma paz interior só abalada por querelas a respeito da eleição do senhor prefeito, ou do balanço da Companhia das Índias, ou do número 45? A Inglaterra responderá: Graças sejam rendidas a Locke, a Newton, a Shaftesbury, a Collins, a Trenchard, a Gordon, a uma multidão de sábios, que mudaram o espírito da nação e que o desviaram das disputas absurdas e fatais da escola para dirigi-lo para as ciências sólidas.

Cromwell, à frente de seu regimento de irmãos vermelhos, levava a *Bíblia* no arção da sela e mostrava-lhes as passagens em que é dito: "Bem-aventurados os que fenderem pelo ventre as mulheres grávidas e esmagarem as crianças a pedradas!" Locke e seus pares não queriam que se tratassem assim as mulheres e as crianças. Suavizaram os costumes dos povos sem enfraquecer-lhes a coragem.

A filosofia é simples, é tranquila, sem desejos, sem ambição; medita em paz longe do luxo, do tumulto e das intrigas do mundo; é indulgente, compassiva. Sua mão pura leva a chama que deve iluminar os homens; nunca usou-a para atear o incêndio em nenhum lugar da Terra. Sua voz é fraca, mas se faz ouvir; ela diz, ela repete: *Adorai Deus, servi os reis, amai os homens.* Os homens a caluniam; ela se consola dizendo: Um dia reconhecerão justamente meu valor. Muitas vezes consola-se mesmo sem esperança de justiça.

Assim, a parte da Universidade de Paris consagrada às belas-artes, à eloquência e à verdade não podia escolher assunto mais digno dela que essas belas palavras: *Non magis Deo quam regibus infensa est ista quae vocatur hodie philosophia.*

Ó tu, que serás sempre contado entre os reis mais ilustres; tu, que viu nascer o longo século dos heróis e das belas-artes, e que conduziu todos eles para os diversos caminhos da glória; tu, que a natureza fez para reinar, Luís XIV, neto de Henrique IV, oxalá tua bela alma tivesse sido suficientemente esclarecida pela filosofia para não destruir a obra de teu avô! Não terias visto a oitava parte de teu povo abandonar teu reino, levar aos países inimigos as manufaturas, as artes e a indústria da França; não verias os franceses combaterem sob os estandartes de Guilherme III contra franceses e disputar-lhes longamente a vitória; não verias um príncipe católico armar contra ti dois regimentos de franceses protestantes; terias prudentemente previsto o fanatismo bárbaro em Cévennes, e o castigo, não menos bárbaro que o crime: tudo estava submetido a ti; as duas religiões te amavam, te veneravam do mesmo modo; tinhas diante dos olhos o exemplo de tantas nações nas quais os cultos diferentes não alteram a paz que deve reinar entre os homens, unidos pela natureza. Nada te era mais fácil que apoiar e conter todos teus súditos. Cioso do nome *Grande*, não conheceste tua grandeza. Teria sido melhor ter seis regimentos a mais de franceses do que tentar persuadir Odescalchi, Inocêncio XI, que tomou altivamente contra o rei o partido do príncipe de Orange, huguenote. Teria sido melhor te privar dos jesuítas, que só trabalhavam para estabelecer a graça suficiente, o congruísmo e as *lettres de cachet*[2], que te privar de mais de um milhão e quinhentos mil braços que enriqueciam teu belo reino, e que combatiam por sua defesa.

---

[2] "Lettre de cachet": no Antigo Regime, carta do rei subscrita por um secretário de Estado e fechada com o selo real em que havia uma ordem de prisão ou exílio.

Ah! Luís XIV, Luís XIV, porque não eras filósofo! Teu século foi grande; mas todos os séculos te censurarão tantos cidadãos expatriados, e Arnauld sem sepultura.

E tu, que vemos com respeitosa ternura sentado no trono de Henrique IV e de Luís XIV, cujo sábio sangue circula em tuas veias, vencedor em Fontenoy, em Raucoux, em Fribourg, e pacificador de Versalhes, não deixes de escutar a voz da filosofia, ou seja, a voz da sabedoria.

É através dela que pacificastes para sempre as disputas entre o jansenismo e o molinismo, que nos tornavam ao mesmo tempo infelizes e ridículos. Foi ela que te inspirou quando proporcionastes a paz aos vivos e aos mortos, libertando-nos da impertinência das letras de câmbio para o outro mundo e do escândalo dos sacramentos conferidos com a baioneta na ponta do fuzil. És um verdadeiro filósofo quando fechas os ouvidos à calúnia, aos boatos mentirosos, que rebentam com tanta impudência ou que se esgueiram com tanto artifício. O imperador Marco Aurélio diz que os homens só serão felizes quando os reis forem filósofos. Pensa, age sempre como Marco Aurélio, e que tua vida seja mais longa que a desse monarca, modelo dos homens!

DISCURSO AOS WELCHES*

por Antoine Vadé, irmão de Guillaume

Ó welches, meus compatriotas! Se sois superiores aos antigos gregos e aos antigos romanos, não mordais jamais o seio de vossas amas, não insulteis jamais vossos mestres, sede modestos em vossos triunfos; vede quem sois e de onde viestes.

Tivestes a honra, é verdade, de haverdes sido subjugados por Júlio César, que mandou enforcar todo vosso parlamento de Vannes, vendeu o resto dos habitantes, mandou cortar as mãos da população de Quercy e em seguida governou-vos mui suavemente. Permanecestes mais de quinhentos anos sob as leis do império romano; vossos druidas, que vos tratavam como escravos e como bestas, que vos queimavam piedosamente em cestos de vime, perderam muito de seu crédito quando vos tornastes província do império. Mas deveis admitir que sempre fostes um pouco bárbaros.

No quinto século de vossa era vulgar, vândalos, a quem destes o sonoro nome de borgonheses ou borguinhões, pessoas, aliás, espirituosas e mui limpas, que untavam os cabelos com manteiga rançosa, como afirmou Sidônio Apolinário, *infundens acido comam butyro*; como eu dizia, essas pessoas vos escravizaram, do território de vossa cidade de Viena até as nascentes de vosso rio Sena; e é um resto glorioso desses tempos ilustres que monges e cônegos ainda tenham servos neste país[1]. Essa bela prerrogativa

---

* *Welche* era o nome desdenhoso que os alemães davam aos franceses. Hoje, esse termo é, em geral, empregado por alusão a Voltaire, justamente ao *Discurso aos welches*. (N. da T.)

[1] Em Saint-Claude e outras senhorias dos monges, os cidadãos ainda são submetidos ao direito de mão-morta.

da espécie humana subsiste entre vós como um testemunho de vossa sabedoria.

Uma parte de vossas outras províncias, que chamastes durante tanto tempo de províncias de Oc e que distinguistes tão nobremente das províncias de Oui, foi invadida pelos visigodos; e, quanto às vossas províncias de Oui, elas foram tomadas por um sicambro chamado Hildovico[2], cujos avós haviam sido condenados às feras em Treves pelo imperador Constantino. Esse sicambro, honrado com o título de *patrício romano*, reduziu-vos à servidão com um punhado de francos saídos dos pântanos do Reno, do Meno e do Meuse. Os belos feitos desse grande homem foram assassinar três reizetes, seus parentes e amigos, um perto do burgo de Boulogne-sur-Mer, o outro perto do vilarejo de Combrai e o terceiro perto do povoado de Mans, que vossas crônicas chamam de *cidades*: foi então que o território dos welches ganhou o melodioso nome de Frankreich, antigo nome da França, em comemoração a seus vencedores, e vos tornastes a primeira nação do universo, pois tínheis a auriflama de Saint-Denis.

Piratas do Norte vieram algum tempo depois acossar-vos, e vos tomaram a província que depois foi chamada de Normandia. Fostes em seguida divididos em várias pequenas nações sob diferentes senhores, e cada nação tinha suas leis particulares além de seu próprio jargão.

A metade de vosso país logo passou a pertencer aos povos da ilha chamada Britain, ou England no idioma deles, que era tão harmonioso quanto o vosso. A Normandia, a Bretanha, o Anjou, o Maine, o Poitou, a Saintonge, a Guiana, a Gasconha, o Angoumois, o Périgord, o Rouergue, a Auvergne, estiveram durante muito tempo entre as mãos dessa nação dos *angles*, enquanto não tínheis nem Lyon, nem Marselha, nem o Dauphiné, nem a Provença, nem o Languedoc.

Apesar desse estado miserável, vossos compiladores, que considerais historiadores, chamam-vos frequentemente de *o primeiro povo do universo*, e vosso reino de *o primeiro reino*. O que não é cí-

---

[2] Clóvis.

vico para com as outras nações. Sois um povo brilhante e amável, e se somardes a modéstia a vossas graças o resto da Europa ficará bem orgulhoso de vós.

Agradecei a Deus que as divisões entre a rosa vermelha e a rosa branca vos tenham libertado dos *angles*, e agradecei-lhe principalmente as guerras civis da Alemanha terem impedido Carlos V de engolir vosso país e torná-lo uma província do império.

Tivestes um momento bem brilhante sob Luís XIV; mas não vos considereis, por isso, em tudo superiores aos romanos e aos gregos.

Basta pensar que, durante seiscentos anos, quase nenhum de vós, exceto alguns de vossos druidas, sabia ler nem escrever. Vossa extrema ignorância fez com que caísseis nas mãos do *flamen* de Roma e de seus consortes, como crianças que os pedagogos governam e corrigem à vontade. Vossos contratos de casamento, quando fazíeis contratos, o que era raro, eram escritos em mau latim por padres. Ignoráveis o que havíeis estipulado e, quando tínheis filhos, vinha um tonsurado de Roma vos provar que vossa mulher não era vossa mulher, era vossa prima em sétimo grau, que vosso casamento era um sacrilégio, que vossos filhos eram bastardos e que seríeis danado se não comunicásseis à câmara denominada *apostólica* a metade de vossos bens, sem tardança nem delonga.

Vossos basileus não eram mais bem tratados que vós: nove foram excomungados, se não me engano, pelo servidor dos servidores de Deus sob o anel do pescador. A excomunhão implicava necessariamente a confiscação dos bens: de modo que vossos basiléus perdiam o direito à coroa, que o pescador romano presenteava, a seu bel-prazer e equidade, ao primeiro de seus amigos.

Dir-me-eis, caros welches, que os povos da ilha Britain ou England, e mesmo os imperadores teutônicos, foram ainda mais maltratados que vós e que eram igualmente ignorantes: é verdade; mas isso não vos justifica, e se a nação britânica tornou-se embrutecida por ter sido, durante algum tempo, província feudal de um druida ultramontano tereis de admitir que ela se vingou bem: tentai imitá-la, se puderdes.

Tivestes outrora um rei que, embora infeliz em todos os seus desígnios e em todas as suas expedições, teve contudo o mérito de vos ensinar a ler e a escrever; fez mesmo vir da Itália pessoas que vos ensinaram o grego e outras que vos ensinaram a desenhar e a talhar uma figura em pedra; porém, mais de cem anos se passaram antes que tivésseis um bom pintor e um bom escultor, e quanto aos que aprenderam o grego, e mesmo o hebreu, foram quase todos queimados, por serem suspeitos de ler o original de alguns livros judaicos, o que é bem perigoso.

Gostaria muito de concordar convosco, caros welches, que vossa pátria é a primeira nação do universo: contudo não possuís o maior domínio na menor das quatro partes do mundo. Considerai que a Espanha é um pouco mais extensa, a Alemanha muito mais, que a Polônia e a Suécia são maiores e que existem províncias na Rússia, de que o país dos welches não formaria nem a quarta parte.

Desejaria que fôsseis o primeiro reino do universo pela fertilidade de vossas terras; mas rogo-vos tomar em consideração vossas quarenta léguas de landes nos arredores de Bordeaux, a parte de vossa Champanha que denominastes tão nobremente de *piolhenta**, as províncias inteiras em que o povo alimenta-se somente de castanhas, as outras em que quase só existe pão de aveia. Notai a interdição que vos é feita de enviar trigo para fora do país, proibição fundada necessariamente em vossa miséria e talvez ainda mais em vosso caráter, que vos levaria a vender o mais rapidamente possível tudo o que tendes para comprá-lo novamente bem mais caro três meses depois, como certos habitantes da América que vendem sua cama de manhã esquecendo que vão querer dormir à noite.

Além disso, o que a mais brilhante porção da nação despende em farinha fina para empoar a cabeça, quer vos penteeis à cisne real, quer tragais os cabelos armados como Clodion e os conselheiros da corte, esse gasto é tão universal que se faz muito bem impedir que se leve para o exterior um gênero de que fazeis tão belo uso.

Primeiro povo do universo, imaginai que tendes em vosso reino de Frankreich cerca de dois milhões de pessoas que andam de tamancos seis meses por ano e descalços os outros seis meses.

Sois o primeiro povo do universo pelo comércio e pela marinha?... Chega a dar pena!

---

* O adjetivo *piolhento* tem, em francês, o sentido de *miserável*. (N. da T.)

Ouço dizer, mas não posso acreditar, que sois a única nação do mundo onde se compra o direito de julgar os homens, e mesmo de levá-los para matar nas guerras. Garantem-me que fazeis passar por cinquenta mãos o dinheiro do tesouro público; e, quando ele chega após atravessar todas essas fileiras, encontra-se reduzido no máximo à quinta parte.

Respondereis que vossas óperas-cômicas são excelentes: concordo; mas, sinceramente, vossa ópera-cômica, assim como vossa ópera séria, acaso não veio da Itália?

Inventastes algumas modas, admito, embora hoje copieis quase todas as do povo de Britain; mas não foi um genovês que descobriu a quarta parte do mundo em que possuís duas ou três pequenas ilhas? Não foi um português que vos abriu o caminho das Índias Orientais, em que acabastes de perder vossas pobres companhias?

Sois talvez o primeiro povo do mundo nas invenções das artes; contudo, não é a um Flavio Gioia, de Amalfi, que devemos a bússola? Não foi o alemão Schwartz que desvendou o segredo da pólvora inflamável? A imprensa, de que fazeis tanto uso, não é também o fruto do engenhoso trabalho de um alemão?

Quando quereis ler as novas brochuras que vos tornam um povo tão culto, recorreis por vezes a vossos óculos; agradecei a Alessandro Spina, sem o qual jamais poderíeis ler os caracteres pequenos. Tendes telescópios; agradecei a Adrien Metius, o holandês, e a Galileu Galilei, o florentino.

Se vos divertis eventualmente com barômetros e termômetros, a quem deveis render graças? A Torricelli, que inventou os primeiros, e a Drebellius, que inventou os segundos.

Muitos dentre vós estudam o verdadeiro sistema do mundo planetário: foi um homem da Prússia polonesa que adivinhou o segredo do Criador. Os logaritmos vos socorrem em vossos cálculos: é ao prodigioso trabalho de milorde Neper e seus associados que deveis ser gratos. É a Guericke, de Magdeburgo, que deveis agradecer a máquina pneumática.

Esse mesmo Galileu, de quem acabo de vos falar, foi o primeiro que descobriu os satélites de Júpiter, as manchas do Sol e sua rotação em torno do próprio eixo. O holandês Huygens viu o anel de

Saturno, um italiano viu seus satélites, em uma época em que ainda não enxergáveis nada.

Finalmente, foi o grande Newton que vos mostrou o que é a luz, e que desvendou a grande lei que faz os astros se moverem e que dirige os corpos pesados em direção ao centro da Terra.

Primeiro povo do mundo, gostais de decorar vossos gabinetes: neles colocais belas estampas; mas deveis considerar que o florentino Finiguerra foi o pai desta arte que eterniza o que o pincel não pode conservar. Tendes belos relógios de pêndulo, mais uma invenção do holandês Huygens.

Usais brilhantes nos dedos, considerai que foi em Veneza que começaram a lapidá-los e a imitar pérolas.

Olhai-vos por vezes no espelho, e é de novo a Veneza que deveis os espelhos.

Gostaria pois que, em vossos livros, testemunhásseis vez por outra um pouco de reconhecimento por vossos vizinhos. Não agis, é verdade, como Roma, que submete à Inquisição todos aqueles que lhe apresentam uma verdade, de um gênero ou outro, e que põe Galileu a pão e água por lhe ter mostrado que os planetas giram em torno do Sol; mas que fazeis? Logo que uma descoberta útil ilustra outra nação, vós a combateis, e durante longo tempo. Newton mostra aos homens pasmos os sete raios primitivos e inalteráveis da luz: negais a experiência durante vinte anos, em vez de repeti-la. Demonstra a gravitação, e contrapondes a ele, durante quarenta anos, a fábula impertinente dos turbilhões de Descartes. Finalmente, só vos rendeis quando toda a Europa inteira ri de vossa obstinação.

O método da inoculação salva, em outros países, a vida de milhares de homens: passais mais de quarenta anos tentando denegrir esse uso salutar. Se, algumas vezes, ao levar ao túmulo vossas mulheres, vossos filhos mortos da varíola natural, experimentais um momento de remorso (como um momento de dor ou de saudade); se então vos arrependeis de não ter imitado a prática das nações mais sábias e mais resolutas que vós; se vos prometeis ousar fazer o que é tão simples naqueles países, esse movimento passa bem rápido; o preconceito e a leviandade logo retomam o costumeiro império.

Ignorais, ou fingis ignorar, que nos relatórios dos hospitais de Londres, destinados à varíola natural ou artificial, a quarta parte dos homens morre da varíola comum, e no máximo uma pessoa em quatrocentas inoculadas.

Deixais, pois, perecer um quarto de vossos concidadãos, e, quando ficais assustados com esse cálculo que vos declara tão imprudentes e tão culpados, que fazeis? Consultais doutores legitimados ou não legitimados por Robert Sorbon: instalais requisitórios! Foi assim que sustentastes teses contra Harvey, quando ele descobriu a circulação do sangue. Foi assim que se instituíram decretos pelos quais se condenavam às galés aqueles que se levantavam contra as categorias de Aristóteles.

Ó primeiro povo do mundo! Quando sereis razoável? Sois obrigado a concordar com tudo o que tenho a honra de vos dizer. Respondereis que vossas tolices não impedem a senhorita Duchapt de vender suas toaletes femininas em todo o Norte e que se fale vossa língua em Copenhague, em Estocolmo e em Moscou. Não discutirei a importância da primeira dessas vantagens; apenas a segunda será tema de meu discurso.

Vangloriai-vos ao ver que vossa língua é quase tão universal como outrora o grego e o latim: a quem deveis isso, fazei-me o favor? A uns vinte bons escritores que, quase sem exceção, haveis negligenciado ou perseguido, ou atormentado a vida inteira. Deveis esse triunfo de vossa língua nos países estrangeiros principalmente à massa de emigrantes que foram obrigados a deixar sua pátria por volta do ano 1685. Os Bayle, os Leclerc, os Basnage, os Bernard, os Rapin-Thoiras, os Beausobre, os Lenfant e tantos outros foram ilustrar a Holanda e a Alemanha; o comércio de livros tornou-se então um dos mais vantajosos das Províncias Unidas, e uma perda para vós. Foram os infortúnios de vossos compatriotas que estenderam vossa língua a tantas nações: os Racine, os Corneille, os Molière, os Boileau, os Quinault, os La Fontaine e vossos bons escritores em prosa sem dúvida muito contribuíram para divulgar em outras partes do mundo vossa língua e vossa glória: é uma grande vantagem; mas isso não vos dá o direito de pensar que superastes em tudo os gregos e os latinos.

Tende, em primeiro lugar, a bondade de considerar que não possuis nenhuma ciência cujo conhecimento não deveis aos gregos. Os próprios nomes dessas ciências e dessas artes o atestam suficientemente: lógica, dialética, geometria, metafísica, poesia, geografia, a própria teologia, se considerada uma ciência, todas anunciam a fonte de onde foram tiradas.

Não existe uma única mulher que não fale grego sem perceber: pois, se diz que viu uma tragédia, uma comédia, que lhe recitaram uma ode, que um de seus parentes teve uma apoplexia ou uma paralisia, que teve uma esquinência, um antraz, que um cirurgião sangrou-o na veia cefálica, que ela foi à igreja, que um diácono cantou litanias; se fala de bispos, de padres, de arquediácono, de papa, de liturgia, de antífona, de eucaristia, de batismo, de mistérios, de decálogo, de evangelho, de hierarquia, etc., é muito provável que não tenha pronunciado uma única palavra que não seja grega.

É verdade que se pode tirar quase todas essas expressões de uma língua estrangeira, e fazer delas tão bom uso que os discípulos terminarão por superar os mestres; mas quando, com o tempo, haveis composto vossa língua com os destroços do grego e do latim, misturados com vossas antigas palavras welches e tudescas, acaso conseguistes construir uma linguagem bastante abundante, bastante expressiva, bastante harmoniosa? Vossa esterilidade acaso não é atestada pelas palavras secas e bárbaras que empregais em tudo: *bout du pied, bout du doigt, bout d'oreille, bout de nez, bout du fil, bout du pont**, etc., enquanto os gregos exprimem todas essas diferentes coisas com termos enérgicos e cheios de harmonia? Já fostes criticados por dizer *un bras de rivière, un bras de mer, un cul d'artichaut, un cul-de-lampe, un cul-de-sac***. Raramente vos permitis falar de um verdadeiro *cul* diante de matronas respeitáveis e, contudo, não empregais outra expressão para significar coisas com as quais *cul* não tem nenhuma relação. Jérôme Carré propôs a palavra *impasse**** para vossas ruas sem saída: essa palavra é nobre e significativa; entretanto, para vossa vergonha, vosso *Almanaque*

---

* Ponta do pé, ponta do dedo, ponta da orelha, ponta do nariz, ponta do fio, fim da ponte. (N. da T.)
** Um braço de rio, um braço de mar, um fundo de alcachofra, um fundo de lâmpada, um beco sem saída. Literalmente, *cul* quer dizer *bunda*. (N. da T.)
*** Beco sem saída. (N. da T.)

real sempre imprime que um de vós mora no *cul-de-sac* de Menars e outro no *cul* de Blancs-Manteaux. Cruzes! Não tendes vergonha? Os romanos chamavam seus caminhos sem saída de *angiportus*; não imaginavam que um *cul* pudesse lembrar uma rua.

E que dizer da palavra *trou**, que ainda empregais em tantos e tão nobres usos?

Os nomes de vossas portas, de vossas ruas, de vossos templos não fariam um belo efeito em um poema épico? Gostamos de ver Heitor correr do templo de Palas à porta Ceia. Os ouvidos ficam tão lisonjeados quanto a imaginação alegre, quando os gregos avançam de Tenedos, nas costas de Troia, para as margens do Simois e do Escamandro; mas, na verdade, acaso se poderia pintar vossos heróis partindo da igreja de São-Pedro-dos-Bois, ou de São-Tiago-do-Passo--Alto, e avançando altivamente pela rua do Peido-do-Diabo, e pela rua Arregaça-Vaca, embarcando em uma galera de São Prego e indo combater na praça de Longos-Gêmeos?

Vossos curiosos conservam incontáveis Memórias desde a morte de Henrique II até a de Henrique IV. São monumentos de grosseria engendrados pela febre de escrever; coletâneas de sátiras sobre fatos terríveis transmitidos à posteridade na linguagem chula dos mercados: tivestes então um único bom historiador, e ele foi obrigado a escrever em latim.

Finalmente, limpastes vossa língua dessa ferrugem bárbara e dessa crosta burguesa; fizestes alguns bons livros; mas acaso superastes Cícero e Demóstenes? Escrevestes melhor que Tito Lívio, Tácito, Tucídides e Xenofonte? Que autor acima do medíocre escreveu até aqui vossos anais?

Fica bem a Daniel dizer já na primeira página de sua história: "Somente sob o grande Clóvis os franceses se tornaram senhores para sempre dessas *grandes* províncias?" Certamente o grande Clóvis não se tornou senhor *para sempre*, já que seus sucessores perderam todo o território que se estende de Colônia ao Franco-Condado. Esse mesmo Daniel vos diz, segundo o romancista Grégoire de Tours, que os soldados de Clóvis, após a batalha de Tolbiac, *excla-*

---

* Buraco. (N. da T.)

maram como de concerto: "Renunciamos aos deuses mortais; doravante só queremos adorar o imortal; doravante só reconhecemos como Deus aquele que o santo bispo Remi nos prega."

Na verdade, não é possível que todo um exército de francos tenha pronunciado *de concerto* essa frase e essas antíteses de mortal e imortal. Vosso Daniel assemelha-se a vosso Lamotte, que, em uma síntese de Homero, faz todo o exército grego pronunciar um dito irônico e o seguinte verso quando Aquiles se reconcilia com Agamenon:

> *Que ne vaincra-t-il point, il s'est vaincu lui-même.*
> [Por que não haveria ele de vencer, se venceu a si mesmo?]

Como o exército dos francos podia renunciar a deuses mortais? Acaso adorava homens? Thot, Irminsul, Odin, Frida, que esses bárbaros reverenciavam, acaso não eram imortais a seus olhos? Daniel não devia ignorar que todos os povos do Norte adoravam um Deus supremo que presidia a todas essas divindades secundárias; tinha apenas que consultar o antigo livro da Edda, citado pelo sábio Huet, bispo de Avranches; tinha apenas que ler o que Tácito diz expressamente em seu *Tratado dos costumes dos germanos: Regnator omnium Deus*. Esse Deus chamava-se God ou Goth, Got, o Bom, e não se pode deixar de admirar que bárbaros tenham dado à Divindade um título tão digno dela. Daniel não devia pois colocar tal tolice na boca de um exército inteiro, tolice no máximo conveniente ao *Pedagogo cristão*. Mas em que língua, dizei-me, Remi pregava a esses bruteros e sicambros? Falava ou latim ou welche; e os sicambros falavam o antigo tudesco. Remi, ao que tudo indica, renovou o milagre do Pentecostes: *Et unusquisque intendebat linguam suam**. Se examinais de perto Mézerai, quantas fábulas, quanta confusão, e que estilo! Merecei Titos Lívios e os tereis.

Quero acreditar que, em vosso país, a eloquência dos magistrados e do clero foi tão longe quanto poderia. As divisões de vossos sermões em três pontos, quando nada há a dividir, um *Ave* à virgem Maria que precede essas divisões, um longo discurso welche sobre

---

* E cada um o ouvia falar na sua própria língua. *Atos dos apóstolos*, 2, 6. (N. da T.)

um texto latino, acomodado a duras penas a esse discurso, e finalmente lugares-comuns mil vezes repetidos, são sem dúvida obras-primas; os discursos de defesa de vossos advogados sobre os costumes no Hurepoix ou no Gâtinois passarão à posteridade, mas não creio que façam esquecer a eloquência grega e romana.

Estou bem longe de negar que Pascal, Bossuet, Fénelon tenham sido extremamente eloquentes. Foi quando esses gênios apareceram que deixastes de ser welches para vos transformardes em franceses; mas não compareis as *Cartas provinciais* às *Filípicas.* Considerai, em primeiro lugar, que a importância do tema é essencial. Os nomes de Filipe e Marco Antônio estão um pouco acima dos nomes do padre Annat, de Escobar e de Tambourini. Os interesses da Grécia e as guerras civis em Roma são objetos mais consideráveis que a graça suficiente que não é suficiente, a graça cooperante que nada opera, e a graça eficaz que se mostra ineficaz.

O grande atrativo das *Cartas provinciais* morre com os jesuítas; mas as Orações de Demóstenes e de Cícero ainda instruem a Europa, quando os objetos desses discursos não existem mais, quando os gregos se reduziram a escravos e os romanos, a tonsurados.

Reconheço, ainda uma vez, que as Orações fúnebres de Bossuet são belas, e por vezes sublimes. Mas, cá entre nós, o que é uma oração fúnebre? Um discurso de circunstância, uma declamação, um lugar-comum, e frequentemente um atentado à verdade. Essas arengas poéticas deveriam ser postas ao lado dos discursos sólidos de Cícero e Demóstenes?

Vosso Fénelon, admirador dos antigos e nutrido por suas obras, acendeu sua vela nas chamas imortais desses autores: não ousareis dizer que sua Calipso, abandonada por Telêmaco, aproxima-se da Dido de Virgílio; a fria e inútil paixão de Telêmaco, que Mentor lança ao mar com um soco para curá-lo desse amor, não parece uma invenção das mais sublimes. E ousareis dizer que a prosa dessa obra seja comparável à poesia de Homero e de Virgílio? Ó caros welches! Que é um poema em prosa senão uma confissão de sua impotência? Ignorai que é mais fácil fazer dez tomos de prosa razoável que dez bons versos na vossa língua, nessa língua atulhada de artigos, desprovida de inversões, pobre em termos poéticos, estéril em volteios ousados, sujeita à eterna monotonia da rima e contudo carente de rimas nos assuntos nobres?

Lembrai-vos enfim que, quando Luís XIV, que todos se obstinavam a reconhecer em Idomeneu, não estava mais no mundo, quando todos esqueceram Louvois, cujo caráter era associado ao de Protésilas; quando ninguém mais invejava a marquesa Scarron de Maintenon, que havia sido comparada à velha Astarbeia, *Telêmaco* perdeu, então, muito de seu valor. Mas o *Tu Marcellus eris** da *Eneida* permanecerá para sempre na memória dos homens; sempre se citará com emoção estes versos e todos os que os precedem:

> *Ter sese attollens cubitoque innixa levavit,*
> *Ter revoluta toro est; oculisque errantibus, alto*
> *Quaesivit coelo lucem, ingemuitque reperta.***

Em uma tradução em prosa de Virgílio foi citada (pois vos é impossível traduzi-lo em versos, e até hoje ainda não conseguistes nem mesmo apresentar em prosa o sentido do autor latino), foi citada, como eu dizia, uma imitação deste admirável discurso de Dido:

> *Exoriare aliquis nostris ex ossibus ultor,*
> *Qui face Dardanios ferroque sequare colonos.*
> *Nunc, olim, quocumque dabunt se tempore vires:*
> *Littora littoribus contraria, fluctibus undas*
> *Imprecor, arma armis: pugnent ipsique nepotes.****

Eis a pretensa imitação de Virgílio, que é considerada uma cópia fiel deste grande quadro:

---

* Tu serás Marcelo. (N. da T.)
** Três vezes se ergueu, levantando-se e apoiando-se sobre os cotovelos; três vezes caiu no leito, e, com os olhos vagos, procurou a luz no alto céu, e, encontrando-a, gemeu (*Eneida*, IV, 690-92, trad. bras. Tassilo Orpheu Spalding, São Paulo, Cultrix, 1999, p. 86). (N. da T.)
*** Que de nossos ossos saia um vingador, que persiga com fogo e ferro os colonos dardânios, agora, mais tarde, sempre, enquanto houver forças para a luta. Litorais contra litorais, ondas contra ondas, armas contra armas, possam os dois povos combater, eles e seus descendentes! (*Eneida*, IV, 625-29, trad. bras. Tassilo Orpheu Spalding, São Paulo, Cultrix, 1999, p. 86). (N. da T.)

> *Puisse après mon trepas s'élever de ma cendre*
> *Un feu qui sur la terre aille au loin se répandre!*
> *Excités par mes vœux, puissent mes successeurs*
> *Jurer dès le berceau qu'ils seront mes vengeurs,*
> *Et, du nom des Troyens ennemis implacables,*
> *Attaquer en tous lieux ces rivaux redoutables!*
> *Que l'univers en proie à ces deux nations*
> *Soit le théâtre affreux de leurs dissensions;*
> *Que tout serve à nourrir cette haine invincible;*
> *Qu'elle croisse toujours jusqu'au moment terrible*
> *Que l'un ou l'autre cède aux armes du vainqueur;*
> *Que ses derniers efforts signalent sa fureur!* *

Vede, rogo-vos, como essa pretensa cópia é fraca, viciosa, forçada, elanguescente.

> *Puisse après mon trépas s'élever de ma cendre*
> *Un feu qui sur la terre aille au loin se répandre!* **

O que quer dizer esse fogo que se difundirá ao longe na Terra? Acaso encontramos nesses versos coalhados de cunhas a menor palavra que lembre as ideias de dor, de terror, de vingança que respiram no verso admirável:

> *Exoriare aliquis nostris ex ossibus ultor.*
> *[Que de nossos ossos saia um vingador.]*

Trata-se de um vingador; e o insípido imitador nos fala de um fogo *que se difundirá ao longe*. Como essas rimas em epítetos – *implacáveis, temíveis, invencíveis, terríveis* – debilitam a pintura de Virgílio! Como todo epíteto que nada acrescenta ao sentido é pueril!

---

* Possa depois de minha morte elevar-se de minhas cinzas / Um fogo que sobre a terra vá ao longe difundir-se! / Excitados por meus votos, possam meus sucessores / Jurar já no berço que serão meus vingadores, / E, do nome dos troianos inimigos implacáveis, / Atacar em todos os lugares esses temíveis rivais! / Que o universo, presa dessas duas nações / Seja o terrível teatro de suas dissensões; / Que tudo sirva para nutrir esse ódio invencível; / Que ele cresça incessantemente até o momento terrível / Que um ou outro ceda às armas do vencedor; / Que seus últimos esforços assinalem seu furor!

** Possa depois de minha morte elevar-se de minhas cinzas / Um fogo que sobre a terra vá ao longe difundir-se!

Não sei de quem são esses versos; mas sei que opor assim os maus versos de um poeta welche às mais belas passagens da Antiguidade não é prestar-lhe um bom serviço.

Ó franceses! É um prazer admirar convosco vossos grandes poetas: foram principalmente eles que levaram vossa língua até o círculo polar e que forçaram os próprios italianos e espanhóis a aprendê-la. Começo com vosso ingênuo e amável La Fontaine: a maioria de suas fábulas foi emprestada de Esopo, o frígio, e de Fedro, o romano. Cerca de cinquenta são obras-primas pelo natural, pelas graças e pela dicção. O próprio gênero não é conhecido nas outras nações modernas. Gostaria, admito, que no resto de suas fábulas esse homem único tivesse sido menos desleixado, que tivesse falado mais puramente essa língua que tornou tão familiar aos povos vizinhos; que seu estilo fosse mais elaborado, mais preciso; que, superando de longe Fedro em delicadeza, tivesse se igualado a ele na pureza da elocução. Exaspero-me ao vê-lo iniciar com uma pequena dedicatória a um príncipe, na qual diz:

> *Et si de t'agréer je n'emporte le prix,*
> *J'aurai du moins l'honneur de l'avoir entrepris.*
> *[E se de te agradar eu não ganhar o prêmio,*
> *Terei ao menos a honra de tê-lo tentado.]*

É uma curiosa honra, *tentar agradar*, e o que significa o *prêmio de agradar*? Fedro não fala assim. Fedro não faz a formiga dizer:

> *Ni mon grenier, ni mon armoire*
> *Ne se remplit à babiller...*
> *[Nem meu celeiro, nem meu armário*
> *Enchem-se com gorjeios...]*

A raposa, em Fedro, diz:

> *Estão muito verdes...*

E não acrescenta:

> *Et bons pour des goujats.*
> *[E boas para grosseirões.]*

Fico aflito quando vejo:

> *La cigale ayant chanté*
> *Tout l'été.*
> *[A cigarra tendo cantado*
> *O verão todo.]*

a quem a formiga diz:

> *Vous chantiez! J'en suis fort aise,*
> *Eh bien! dansez maintenant.*
> *[Cantastes! Isso muito me alegra,*
> *Pois bem, agora dançais.]*

O lobo pode dizer ao cachorro preso na coleira que não trocaria as boas refeições desse último ao preço de sua liberdade; mas esse lobo me entristece quando acrescenta:

> *Je ne voudrais pas même à ce prix un trésor:*
> *Cela dit, maître loup s'enfuit et court encor.*
> *[Por esse preço eu não queria nem mesmo um tesouro:*
> *Dito isso, mestre lobo fugiu e está correndo até hoje.]*

Um lobo nunca desejou ouro e prata.

O homem que sopra os dedos porque está com frio, e sua sopa porque está muito quente, tem infinita razão: não merece de modo algum que dele digam:

> *Arrière ceux dont la bouche*
> *Souffle le chaud et le froid!*
> *[Arrenego aqueles cujas bocas*
> *Sopram o calor e o frio!]*

É abusar de um provérbio trivial que aqui não é aplicado com justeza. Mas essas pequenas manchas não impedem que as fábulas de La Fontaine sejam uma obra imortal.

Seus contos são sem dúvida os melhores que temos; esse mérito, se assim podemos chamá-lo, não existia na antiguidade grega e romana. La Fontaine, nesse gênero, superou Rabelais, e muitas vezes igualou a ingenuidade e a precisão que encontramos em três ou quatro obras de Marot; encontrareis em seus melhores contos a amenidade, o natural de Passerat, que vivia na época de Henrique III e que nos deixou a *Metamorfose do cuco*, obra pouquíssimo conhecida, que em nada se assemelha à grosseria do tempo e que acreditaríamos feita pelo próprio La Fontaine. Eis como Passerat termina o conto do infeliz ciumento que, tendo sido transformado em cuco,

> *S'envole au bois, au bois se tient caché.*
> *Honteux d'avoir sa femme tant cherché;*
> *Et néanmoins, quand le printemps renflamme*
> *Nos cœurs d'amour, il cherche encor sa femme;*
> *Parle aux passants, et ne peut dire qu'où;*
> *Rien que ce mot ne retint le coucou*
> *D'humain parler; mais par œuvres il montre*
> *Qu'onc en oubli ne mit sa malencontre,*
> *Se souvenant qu'on vint pondre chez lui,*
> *Venge ce tort, et pond au nid d'autrui.*
> *Voilà comment sa douleur s'allège,*
> *Heureux ceux-là qui ont ce privilège!**

La Fontaine se formou com esse estilo: pois todos vossos poetas do século de Luís XIV começaram imitando os predecessores. Corneille imitou inicialmente o estilo de Mairet e de Routrou; Boileau, o de Regnier.

O grande defeito dos contos de La Fontaine talvez seja o fato de quase todos eles girarem em torno do mesmo tema: trata-se sempre de uma moça ou de uma mulher que se consegue ludibriar. O estilo nem sempre é correto e elegante; negligências, prolixidade, modos de falar proverbiais e comuns desfiguram-no. Mostra-se inferior

---

* Voa para o bosque, no bosque permanece escondido, / Envergonhado por ter a mulher tanto procurado; / E, contudo, quando a primavera de novo inflama / Nossos corações de amor, procura novamente a mulher; / Dirige-se aos passantes, mas só pode dizer *onde*; / Única palavra que o cuco retém, / Do falar humano; mas por ações ele mostra / Que seu infortúnio ele não esqueceu, / Lembrando-se que em sua casa vieram botar, / Vinga tal malfeito, e bota no ninho alheio. / É assim que alivia sua dor. / Felizes os que têm esse privilégio! (N. da T.)

a Ariosto nos contos que dele empresta. Não apenas Ariosto tem o mérito da invenção, como lançou essas pequenas aventuras no interior de um longo poema, em que elas são contadas a propósito. O estilo é sempre puro; nenhuma prolixidade, nenhum atentado à língua, nenhum ornamento supérfluo. Em suma, trata-se de um pintor, e de um grande pintor: esse é o primeiro mérito da poesia, e foi o que La Fontaine negligenciou. Vede, no *Giocondo* de Ariosto, o jovem grego que vem encontrar *Fiametta* em seu leito, enquanto ela está deitada entre o rei Astolfo e Giocondo.

> *Viene all' uscio, e lo spinge; e quel gli cede;*
> *Entra pian piano, e va a tenton col piede.*
> *Fa lunghi i passi, e sempre in quel di dietro*
> *Tutto si ferma, e l'altro par che muova*
> *A guisa che di dar tema nel vetro*
> *Non che'l terreno abbia a calcar, ma l'uova;*
> *E tien la mano innanzi simil metro,*
> *Va brancolando in fin che'l letto trova;*
> *E di là dove gli altri avean le piante,*
> *Tacito si cacciò col capo innante.*
> ....(Canto XXVIII, estrofes 62-3)

É estranho que vosso Boileau, em seu julgamento sobre o *Giocondo* de Ariosto e o de La Fontaine, censure ao autor italiano certa familiaridade na linguagem: não considera que é um estalajadeiro que está falando; cada um deve conservar seu caráter peculiar. Ariosto, observando esse costume, não deixa escapar uma só palavra que não seja do mais puro toscano: mérito prodigioso em obra de tão longo fôlego, toda escrita em estâncias cujas rimas são dobradas.

Talvez seja excessivo falar-vos desse pequeno gênero que, por pequeno que seja, contribui contudo para a glória das letras: "In tenui labor, at tenuis non gloria."

Deter-me-ia mais longamente no mérito superior de vosso teatro, ao qual só falta ser trágico o bastante, se esse tema já não tivesse sido tantas vezes tratado.

Imagino que Eurípedes se envergonharia de sua glória, que se esconderia, se visse a *Fedra* e a *Ifigênia*, de Racine. As tragédias de

Racine e muitas cenas de Corneille são o que tendes de mais belo em vossa língua. Mais de uma cena de Quinault é admirável em um gênero que, assim como os *Contos* de La Fontaine, a Antiguidade não conheceu. Vosso Molière supera Terêncio e Plauto. Reconheço ainda que a *Arte poética* de Boileau é mais poética que a de Horácio, porque com o preceito ele deu o exemplo; e que é uma cópia superior ao original. Tal é vossa glória, não a percais.

É unicamente nesses gêneros que sois superiores; tendes rivais ou mestres em todos os outros. Fostes mesmo tão penetrados pelo encanto dos versos que hoje vossos escritos sobre física e metafísica respiram desgraçadamente poesia, e que, não podendo mais fazer versos como no século de Luís XIV, encontrastes somente o segredo de estragar a prosa.

Estais ameaçado por outro flagelo. Disseram-me que está se elevando entre vós uma seita de pessoas rígidas que se dizem sólidas, espíritos sombrios que pretendem ditar juízos por serem desprovidos de imaginação, homens letrados inimigos das letras, que querem proscrever a bela antiguidade e a fábula. Não acrediteis neles, ó franceses! Voltaríeis a ser welches.

A imaginação, filha do céu, erigiu em outros tempos na Grécia um templo de mármore transparente; pintou com as próprias mãos, nas paredes do templo, toda a natureza em quadros alegóricos. Ali via-se Júpiter, senhor dos deuses e dos homens, fazer nascer de seu cérebro a deusa da sabedoria. A deusa da beleza também é sua filha; mas não foi seu cérebro que teve que gerá-la. Essa Beleza é mãe do Amor. Para que a Beleza encante os corações, é preciso (como todos sabem) que nunca se afaste das três Graças. E quem são essas três necessárias companheiras de Beleza? Aglaia, através da qual tudo brilha; Eufrosine, que espalha a doce alegria nos corações; Tália, que lança flores aos passos da deusa: eis o que seus três nomes significam. As Musas ensinam todas as belas-artes: são filhas da Memória, e seu nascimento ensina que, sem a memória, o homem nada pode inventar, nem combinar duas ideias.

É isso que bárbaros querem destruir; e o que colocarão no lugar desses emblemas divinos? Os *Plaidoyers* de Lemaître, as *Enluminu-*

res e as canções e epigramas contra Chamillard? A arenga de Étienne Ledain, pronunciada do lado do cartório?*

Ó welches! Se Janus de dupla face, representando o ano que finda e que começa, ainda tem entre vós o nome grosseiro e ininteligível de *janvier* [janeiro]; se vosso *avril* [abril], que nada significa, era entre os antigos o mês consagrado a Afrodite, a Vênus, ao princípio que rejuvenesce a natureza; se os nomes iroqueses *vendredi* [sexta-feira] e *mercredi* [quarta-feira] ainda lembram a ideia de Vênus e de Mercúrio; se o céu inteiro com suas constelações ainda está repleto das fábulas da Grécia; respeitai vossos mestres, digo-vos: ao menos queirais parecer com aquele sábio welche que pretendia que os doze patriarcas, filhos de Jacó, haviam inventado os doze signos do zodíaco; que Áries era o signo de Isaac; Gêmeos, o de Jacó e Isaú; Virgem, Rebeca; Aquário, o cântaro de Rebeca; e que os outros signos haviam sido falsificados.

Acreditai-me, irmãos, que não faríeis mal em vos ater às belas invenções profanas de vossos predecessores.

---

* Na França, o advogado do apelante se coloca no tribunal ao lado da lareira e o advogado do apelado do lado do cartório. O local de honra é a tribuna do lado da lareira, e ela é cedida ao advogado do apelado quando este é uma pessoa de prestígio. Foi o que aconteceu no caso referido por Voltaire: Ledain, que era o apelante – ele pedia a queima de um livro que condenava os processos de excomunhão na França –, ocupou o lugar menos prestigioso, ao lado do cartório. (N. da T.)

SUPLEMENTO DO DISCURSO AOS WELCHES

com uma carta do livreiro do Année littéraire *para o senhor de V., e a resposta do senhor de V. a essa carta*

Advertência

Todos sabem que Guillaume e Antoine Vadé eram irmãos, sendo, contudo, de espírito e caráter muito diferentes. Guillaume era alegre, brincalhão e ligeiro, como testemunham suas óperas-cômicas, e como poderá ser comprovado na *Vadiana*, que um de nossos mais ilustres acadêmicos redige atualmente, no gosto da *Fontenelliana*, e que não será menos interessante.

Antoine, ao contrário, era grave, profundo e sério, como prova seu *Discurso aos welches*; só gostava de se dedicar às coisas úteis. A glória da nação e o bem público interessavam-no acima de tudo; afligia-se com os abusos que impediam um e outro, e mais ainda com o fato de aqueles que pretendiam reformá-los não começarem por reformar a si próprios. Dizia que alguém que quer corrigir os outros deveria se lembrar do oráculo de Apolo, e que não assenta bem, quando deixamos queimar nossa própria casa, injuriar o vizinho porque o fogo começa a se declarar na dele.

Acrescentam ainda que trabalhava, havia vários anos, em uma grande obra sobre os perigos da livre venda de grãos ao exterior, na qual provava incontestavelmente que o trigo do país de Frankreich deveria ser como, antigamente, os figos de Atenas, e que era infinitamente melhor, para os welches, morrer de fome sobre as montanhas de trigo armazenadas que permitir que fosse comprado, pago, comido pelos estrangeiros.

Nunca poderemos lamentar suficientemente a perda dessa obra, que estava bem avançada quando Antoine Vadé morreu. Ela seria de grande valia, hoje, para desiludir certos espíritos enviesados, fascinados pelas vantagens dessa liberdade, e que acreditam não haver nenhum inconveniente em permitir que uma nação enriqueça pelo comércio das produções de seu solo; mas, infelizmente, a senhorita Catherine Vadé, que encontrou o manuscrito, não sabendo de que se tratava, transformou-o em moldes para a confecção de punhos de camisa e só nos legou o *Discurso aos welches*.

Foi por ocasião desse *Discurso* que um de meus amigos que sempre foi, como ele próprio afirma, amigo da família Vadé, enviou-me o seguinte relato de uma conversação da qual participara, e que pode servir de suplemento ao *Discurso*.

Os welches que não são welches não ficarão aborrecidos ao ver esse suplemento, e quem sabe ele não inspirará, naqueles que ainda o são, o desejo de cessar de sê-lo.

De resto, a senhorita Catherine Vadé garante que seu primo Antoine pensava que os welches eram os inimigos da razão e do mérito, fanáticos tolos, intolerantes, perseguidores e caluniadores; que os filósofos, a boa companhia, as verdadeiras pessoas de letras, os artistas, as pessoas amáveis, enfim, eram os franceses, e que eles é que deviam zombar dos outros, apesar de não serem a maioria. Essa declaração deve justificar plenamente a memória de nosso ilustre autor a respeito das críticas que lhe eram dirigidas por ter-nos dito nossas verdades com tão pouco tato.

SUPLEMENTO DO DISCURSO
AOS WELCHES

Sempre fui muito ligado à família Vadé, principalmente à senhorita Vadé, em casa de quem me encontrava com alguns amigos no dia em que o finado Antoine Vadé nos leu seu *Discurso aos welches*. "Vosso humor está exaltado, primo, disse-lhe Catherine. – É verdade que estou encolerizado, respondeu Antoine; sempre encontrarei um *cul-de-sac* horrivelmente welche, e só me acalmarei quando substituírem essa expressão grosseira por alguma palavra francesa honesta. E como quereis que uma nação possa subsistir com honra quando se imprime *je croyois, j'octroyois*, e se pronuncia *je croyais, j'octroyais*? Como um estrangeiro poderá adivinhar que o primeiro *o* se pronuncia como um *o*, e o segundo como um *a*? Por que não escrever como se fala? Essa contradição não se encontra nem no espanhol, nem no italiano, nem no alemão; foi o que mais me chocou: pois me importa pouco que seja um alemão ou um chinês que tenha inventado a pólvora, e que eu deva agradecimentos a Gioia, de Amalfi, ou a Roger Bacon pelos óculos que trago no nariz; mas um *cul-de-sac* e todos esses termos populares que desfiguram uma língua provocam-me uma dor mortal."

Catherine Vadé, vendo que ele se exasperava, prometeu-lhe que o governo poria ordem nesses abusos e que não se passariam trezentos anos até que fossem reformados. Isso consolou o bom Antoine. Ele era como o abade de Saint-Pierre, que se considerava recompensado por todas as suas penas quando deixavam-lhe entrever que um de seus projetos poderia ser executado nos sete ou oito séculos seguintes. Jérôme Carré, vendo-o apaziguado, lhe diz: "Meu caro Antoine, não vos lamenteis mais que as belas invenções não venham de vossos compatriotas: temos um excelente cidadão que prometeu dessalgar a água do mar, e, mesmo que não consiga fazê-lo, sempre terá sido bom tentar. Outro inventou uma carroça suspensa pela parte superior, o que será tão cômodo quanto agradável. Um grande naturalista conseguiu, no início do século, fazer um par de luvas com uma teia de aranha. Só com o tempo as artes se aperfeiçoam." O semblante de Antoine, a esse discurso, pareceu resplandecer de uma alegria doce e serena, pois amava ternamente sua pátria; e, se estava um pouco aborrecido com autores por demais zelosos que chamavam sua nação de *a primeira nação do universo*, era por temer que as outras nações ficassem chocadas com essa pequena bravata.

Foi então que toda a companhia abordou esta grande questão: "Que vale mais, o espírito inventivo ou o espírito amável?" O senhor Laffichard, cujo nome é tão conhecido na república das letras, amigo de longa data, como eu, da família Vadé, afirmava que o gênio da invenção é o primeiro de todos e que aquele que encontrou o segredo de fazer alfinetes está infinitamente acima de todos os que compuseram, entre nós, belas canções e mesmo óperas. A senhorita Vadé, ao contrário, defendia que aquela que sabia prender um alfinete com graça superava infinitamente o inventor. Essas opiniões foram debatidas com toda a sagacidade e toda a profundidade que mereciam; e fico bem aborrecido de só ter retido uma pequena parte das razões de Catherine. "Aquele que sabe agradar, dizia ela, está acima de Arquimedes. Imaginai uma cidade de inventores: um fará uma máquina pneumática, o outro buscará as propriedades de uma curva, este fará um carro a rodas e a velas, aquele inventará a anquinha para senhoras; não conversarão com ninguém; nem mesmo se entenderão entre si: a cidade dos inventores será a mais triste do mundo inteiro. Junto a essa cidade de oficinas, colocai uma em que se busque somente o prazer: o que acontecerá a longo prazo? Todos os habitantes da primeira se refugiarão na segunda."

Catherine apoiava essa suposição com raciocínios tão finos, e com circunlóquios tão delicados, que toda a companhia concordou com ela. Esse sucesso animou-a e, vendo que Antoine estava de bom humor, dirigiu a conversação para coisas mais sérias. "Ficais consternado, disse ela, meu pobre Antoine, de que chamem uma parte da Champanha, onde nascestes, de *piolhenta*. – Ah! A palavra é ignóbil, e odiosa, disse Antoine. – Tendes razão, primo; mas que país não tem terras rebeldes e incultiváveis? Queixai-vos dos landes de Bordeaux; pois sabei que vão desbravá-los e que uma companhia já se arruinou tentando fazê-lo. Afligi-vos que, em certas províncias, vossos compatriotas usam tamancos: terão sapatos antes do que se imagina; não pagarão nem mesmo imposto sobre o vinho e terão sede impunemente; é nisso que já se está trabalhando com uma aplicação maravilhosa. – Será possível?, disse Antoine com transporte. – Não há nada mais verdadeiro, disse Catherine: tomai pois coragem, e que vosso espírito não se sinta abatido porque os cimbros outrora invadiram Dijon, os visigodos, Toulouse, e os normandos, Rouen, como os mouros invadiram a Espanha. Todos os povos sofreram revoluções; mas a nação com a qual mais gostamos de viver é aquela que merece a preferência."

Tomei a liberdade de falar, por minha vez, naquela culta assembleia. Quis provar que todos os povos da terra haviam sido conquistadores ou conquistados, ou absurdos, ou industriosos, ou ignorantes, conforme houvessem seguido mais ou menos certos princípios que ia explicando aos poucos; e comecei a perceber, aprofundando-os, que aborrecia muito a companhia. Felizmente fui interrompido por Jérôme Carré: "Eu tinha, disse ele, há alguns anos, uma prima belíssima que queria desposar-me: pediram-me sete mil e duzentas libras que eu devia enviar além-montes para impetrar a liberdade de amar lealmente minha prima; perdi esse grande negócio por falta de quinhentos escudos. Meu irmão, que nada tinha, tendo obtido um pequeno benefício, arruinou-se emprestando de um judeu com o que pagar, também além-montes, o primeiro ano de sua renda. Esses abusos, meu caro, são insuportáveis; não se trata aqui de filosofia e teologia, trata-se de dinheiro vivo, e não vejo nenhuma graça nisso. E não quero que ninguém brinque com isso e não admito que se brinque com isso."

O senhor Laffichard, a esse respeito, devaneou profundamente segundo seu costume, e entregando-se em seguida a seu entusiasmo: "Pois bem!, disse ele, procuramos qual a primeira nação do universo; é sem dúvida a que forçou durante muito tempo todas as outras a lhe entregar dinheiro e que não dá nada a ninguém."

Calculou-se então quanto tempo duraria esse abuso e concluiu-se, pela avaliação das probabilidades, que os ridículos que nada custam continuariam aumentando e que os ridículos pelos quais se deve pagar diminuiriam bem depressa. Estabeleceu-se, finalmente, que existe tanto entre as nações como entre os particulares uma compensação entre grandeza e debilidade, entre ciência e ignorância, entre bons e maus costumes, entre indústria e indolência, entre espírito e absurdidades, que a longo prazo as torna praticamente iguais.

O resultado dessa douta conversação foi que se deveria dar o nome de *francos* aos saqueadores, o nome de *welches* aos saqueados e aos tolos, e o de *franceses* a todas as pessoas amáveis.

CARTA DO SENHOR PANCKOUCKE

Ao senhor V.
Paris, 16 de maio de 1764

Encontrei, no acervo do senhor Lambert, uma parte da edição de uma coletânea de vossos romances, em três volumes in-12. Essa coletânea contém *Cândido, Zadig, Micrômegas* etc. Como essa edição está quase consumida, gostaria de oferecer uma nova ao público, acrescentando os contos que estão no início de *Guillaume Vadé*. Ornarei essa edição com estampas, com *culs-de-lampes*. Apesar de eu ter adquirido, senhor, pela cessão do senhor Lambert, o direito de reimprimir essa coletânea de romances, acredito dever pedir-vos permissão e receberei como uma graça aquela que quiserdes me conceder. É inegável imprudência, sem dúvida, da parte do livreiro do *Année littéraire* pedir-vos graças; mas já vos supliquei de acreditar, senhor, que estou bem longe de aprovar tudo o que faz o senhor Fréron.

Ele certamente já vos deu muitas razões de odiá-lo e, contudo, ele próprio não vos odeia; ninguém vos tem em mais alta estima; ninguém leu mais vossas obras e conhece-as melhor. Nos últimos dias, no calor da conversação, traía seu segredo, e dizia do fundo do coração que éreis o maior homem de nosso século. Quando lê vossas obras imortais, é obrigado a dilacerar o próprio peito para sobre elas dizer calúnias em que não acredita; mas havei-lo martirizado em vida com vossas réplicas, e o que deve ser-lhe ainda mais sensível é o terdes desonrado para a posteridade; todos vossos escritos permanecerão. Já pensastes, senhor, que em segredo ele deve gemer dos papéis que o fazeis representar? Muitas vezes desejei, para vosso repouso, para minha satisfação particular e para a tranquilidade do senhor Fréron, ver o fim dessas querelas. Mas como falar de paz em uma guerra contínua? Seria necessária ao menos uma trégua de dois meses; e se vos dignásseis a confiar em mim veríeis, senhor, que aquele que olhais como vosso mais cruel inimigo, que tratais assim, tornar-se-ia de vosso admirador secreto vosso admirador público etc.

RESPOSTA DO SENHOR V.

Ao senhor Panckoucke, livreiro do Année littéraire
De 24 de maio de 1764, em Délices

Comunicais-me, senhor, que pretendeis imprimir meus romances, e respondo-vos que, se escrevi romances, peço perdão a Deus; mas, pelo menos, jamais neles coloquei meu nome, exatamente como em minhas outras tolices. Ninguém nunca viu, graças a Deus, nada de mim contra-assinado e rubricado: *Cortiat, secretário*. Dizeis-me que ornaríeis vossa edição com *culs-de-lampe*. Agradecei a Deus, senhor, que Antoine Vadé não esteja mais no mundo; ele vos chamaria sem hesitar de welche e vos provaria que um ornamento, um florão, uma pequena cartela, uma pequena vinheta não se parecem nem com um *cul** nem com uma *lampe***.

Propondes-me a paz com mestre Aliboron***, dito Fréron, e dizeis-me que sois vós quem deseja aliviar-lhe a carga; acrescentais que ele sempre me estimou, e que sempre me ultrajou. Realmente, um verdadeiro exemplo de bom caráter! Quer dizer que, quando ele fala bem de alguém, podemos ter certeza de que o despreza. Bem vedes que ele só conseguiu fazer de mim um ingrato e que não é possível que eu tenha por ele os sentimentos com os quais me dizeis que ele me honra.

PAZ NA TERRA AOS HOMENS DE BOA VONTADE; mas soube, através de vós, que mestre Aliboron sempre foi de vontade

---

* "Cul" significa, literalmente, "bunda", sendo usado no sentido de "fundo"; aqui, fundo de lâmpada. (N. da T.)
** Lâmpada. (N. da T.)
*** Mestre Aliboron é o nome dado ao burro nas fábulas de La Fontaine. (N. da T.)

mui maligna; nunca li seu *Année littéraire*, acredito somente na honra de vossa palavra.

Quanto a vós, senhor, vejo que sois da mais boa vontade do mundo e estou absolutamente persuadido de que haveis impresso contra mim unicamente coisas divertidas para alegrar a corte; assim, sou mui pacificamente, senhor, vosso etc.

SERMÃO DOS CINQUENTA

Cinquenta pessoas instruídas, devotas e sensatas reúnem-se há um ano todos os domingos em uma cidade próspera em habitantes e comércio: rezam preces, após as quais um membro da sociedade pronuncia um discurso; em seguida, jantam e, depois, fazem uma coleta para os pobres. Uma pessoa diferente preside a cada vez; cabe ao presidente rezar a prece e pronunciar o sermão. Apresentamos aqui uma dessas preces e um desses sermões.

Se as sementes dessas palavras caírem em boa terra, não duvidamos que possam frutificar.

Prece

Deus de todos os globos e de todos os seres, a única prece que vos pode convir é a submissão: pois, que pedir para aquele que tudo ordenou, tudo previu, tudo encadeou, desde a origem das coisas? Se, contudo, é permitido representar nossas necessidades a um pai, conservai em nossos corações essa submissão, neles conservai vossa religião pura; afastai de nós toda superstição: se é possível insultar-vos com sacrifícios indignos, aboli esses infames mistérios; se é possível desonrar a Divindade com fábulas absurdas, que tais fábulas pereçam para sempre; se os dias do príncipe e do magistrado não são contados para toda a eternidade, prolongai a duração de seus dias; conservai a pureza de nossos costumes, a amizade que nossos irmãos dedicam uns aos outros, a benevolência que têm para com todos os homens, sua obediência às leis e sua sabedoria na conduta privada; que vivam e morram adorando um único Deus, remunerador do bem, vingador do mal, um Deus que não pôde nascer nem morrer, nem ter sócios, mas que tem, neste mundo, demasiados filhos rebeldes.

Sermão

Meus irmãos, a religião é a voz secreta de Deus, que fala a todos os homens; ela deve reunir a todos, não dividi-los: logo, toda religião que pertence a um único povo é falsa. A nossa é, em seu princípio, a de todo o universo, pois nós adoramos um Ser supremo como todas as nações o adoram, praticamos a justiça que todas as nações ensinam e rejeitamos todas as mentiras que os povos censuram uns aos outros. Assim, concordes com eles no princípio que os concilia, deles diferimos nas coisas em que se combatem.

É impossível que o ponto sobre o qual todos os homens de todos os tempos se reúnem não seja o único centro da verdade, e que os pontos nos quais todos diferem não sejam os estandartes da mentira. A religião deve ser conforme à moral e universal como ela: assim, toda religião cujos dogmas ofendem a moral é certamente falsa. É sob o duplo aspecto de perversidade e de falsidade que examinaremos neste discurso os livros dos hebreus e daqueles que os sucederam. Vejamos, em primeiro lugar, se esses livros são conformes à moral, em seguida, veremos se podem ter alguma sombra de verossimilhança. Os dois primeiros pontos serão dedicados ao Antigo Testamento, e o terceiro, ao Novo.

Primeiro ponto

Sabeis, meus irmãos, o horror que se apoderou de nós quando lemos juntos os escritos dos hebreus, somente dirigindo nossa atenção a todos os traços contra a pureza, a caridade, a boa-fé, a justiça, e a razão universal, que não apenas encontramos em cada capítulo, mas que, para desgraça suprema, encontramos consagrados.

Em primeiro lugar, sem falar da injustiça extravagante que ousam atribuir ao Ser supremo, de ter dado a palavra a uma serpente para seduzir uma mulher e para perder a inocente posteridade dessa mulher, acompanhemos passo a passo todos os horrores históricos que revoltam a natureza e o bom senso. Um dos primeiros patriarcas, Ló, sobrinho de Abraão, recebe em sua casa dois anjos disfarçados de peregrinos; os habitantes de Sodoma concebem desejos impudentes com relação aos dois anjos; Ló, que tinha duas filhas prometidas em casamento, propõe prostituí-las ao povo no lugar dos dois estrangeiros. Essas moças deviam estar estranhamente acostumadas a se prostituir, já que a primeira coisa que fazem após sua cidade ter sido consumida por uma chuva de fogo, e sua mãe transformada em estátua de sal, é embriagar o pai duas noites seguidas para ambas poderem se deitar com ele: essa história é imitada da antiga fábula árabe de Cinira e Mirra; mas, nessa fábula bem mais honesta, Mirra é punida por seu crime, enquanto as filhas de Ló são recompensadas com a maior e mais cara das bênçãos segundo o espírito judeu, tornam-se mães de numerosa posteridade.

Não insistiremos na mentira de Isaac, pai dos justos, que diz que sua mulher é sua irmã, seja para renovar a mentira de Abraão, seja que Abraão tenha sido culpado de fazer da irmã sua própria mulher; detenhamo-nos, porém, um momento no patriarca Jacó, que nos é dado como o modelo dos homens. Ele força o irmão, que está morrendo de fome, a lhe ceder o direito de progenitura por um prato de lentilhas; em seguida, engana seu velho pai no leito de morte; após ter enganado o pai, ele engana e rouba o sogro, Labão: não contente em esposar duas irmãs, deita-se com todas as criadas; e Deus abençoa essa incontinência e essas perfídias. Como agem os filhos de tal pai? Dina, sua filha, agrada a um príncipe de Siquém e aparentemente ama esse príncipe, já que se deita com ele; o príncipe a pede em casamento, o que lhe é concedido com a condição de que ele e seu povo se circuncidem. O príncipe aceita a proposição; mas assim que ele e os seus sofrem a dolorosa operação, que contudo deveria lhes deixar forças suficientes para se defender, a família de Jacó degola todos os homens de Siquém e escraviza as mulheres e as crianças.

Ouvimos, em nossa infância, a história de Tiestes e Pelópia; essa incestuosa abominação é renovada em Judá, patriarca e pai da primeira tribo; ele se deita com a nora e depois quer matá-la. Esse livro, depois disso, supõe que José, um dos filhos dessa família errante, foi vendido no Egito, e que esse estrangeiro é nomeado primeiro-ministro por ter explicado um sonho. Mas que primeiro-ministro é esse que, em tempos de fome, obriga toda uma nação a escravizar-se para ter pão? Que magistrado, entre nós, em tempos de fome, ousaria propor tão abominável negócio? E que nação aceitaria esse infame negócio? Não examinaremos aqui como setenta pessoas da família de José, que se estabeleceram no Egito, puderam, em duzentos e quinze anos, multiplicar-se em seiscentos mil combatentes, sem contar as mulheres, os velhos e as crianças: o que devia compor uma multidão de quase dois milhões de almas. Não discutiremos como o texto afirma que foram quatrocentos e trinta anos, quando o mesmo texto diz que foram duzentos e quinze. O infinito número de contradições, que são a marca da impostura, não é o objeto que deve aqui deter nossa atenção. Descartemos igualmente os prodígios ridículos de Moisés e dos encantadores do faraó, e todos esses milagres feitos para dar ao povo judeu um infeliz pedaço de terra ruim, que eles compram em seguida com sangue e crime, em vez de lhes dar a fértil terra do Egito, onde estavam. Vamos nos limitar ao horrível caminho de iniquidade pelo qual fazem-no caminhar. Seu Deus fizera de Jacó um ladrão, e em ladrões transforma todo um povo; ordena a seu povo furtar e levar consigo todos os vasos de ouro e prata, e todos os utensílios dos egípcios. Vemos então esses miseráveis que, em número de seiscentos mil combatentes, em vez de pegar em armas como homens de coragem, fogem como bandidos conduzidos por seu Deus. Se esse Deus quisesse lhes dar uma terra boa, poderia ter-lhes dado o Egito; mas não: leva-os a um deserto. Podiam escapar pelo caminho mais curto e se desviaram em mais de trinta milhas para atravessar o mar Vermelho a pé enxuto. Após esse belo milagre, o próprio irmão de Moisés lhes faz outro deus, e esse deus é um cordeiro. Para punir seu irmão, o mesmo Moisés ordena aos sacerdotes que matem seus filhos, seus irmãos, seus pais; e esses sacerdotes matam vinte e três mil judeus, que se deixam degolar como animais.

Depois dessa carnificina, não é de espantar que esse povo abominável sacrifique vítimas humanas a seu deus, que chamam de *Adonai*, de *Adonis*, que emprestam dos fenícios. O versículo vinte e nove do capítulo XXVII do *Levítico* proíbe expressamente resgatar homens votados ao anátema do sacrifício, e é com base nessa lei de canibais que Jefté, algum tempo depois, imola a própria filha.

Como se não bastassem vinte e três mil homens degolados por um cordeiro, a eles se somam ainda vinte e quatro mil outros imolados por terem tido comércio com moças idólatras: digno prelúdio, digno exemplo, meus irmãos, das perseguições em matéria de religião.

Esse povo avança pelos desertos e pelos rochedos da Palestina. Eis nossa bela terra, lhes diz seu Deus; degolai todos os habitantes, matai todos os meninos, fazei morrer todas as mulheres casadas, reservai para vós todas as meninas. Tudo isso é literalmente executado, segundo os livros hebreus; e tremeríamos de horror a esse relato se o texto não acrescentasse que os judeus encontraram no campo dos madianitas 675 mil ovelhas, 72 mil bois, 61 mil asnos e 32 mil donzelas. O absurdo por sorte desmente a barbárie; mas, ainda uma vez, não será aqui que examinarei o ridículo e o impossível; detenho-me no que é execrável.

Após haver atravessado o Jordão a pé enxuto, como o mar, esse povo chega à terra prometida. A primeira pessoa que introduz, por uma traição, esse povo santo, é uma prostituta chamada Raab. Deus se une a essa prostituta; faz cair os muros de Jericó ao barulho das trombetas; o santo povo entra na cidade, sobre a qual não tinha, como eles próprios admitem, nenhum direito, e massacra os homens, as mulheres e as crianças. Calaremos sobre as outras carnificinas, os reis crucificados, as pretensas guerras contra os gigantes de Gaza e de Ascalon, e a morte daqueles que não podiam pronunciar a palavra *Shiboleth*.

Escutemos esta bela aventura:

Um levita chega em seu asno, com sua mulher, a Gabaa, na tribo de Benjamin; alguns benjaminitas querendo absolutamente cometer o pecado de Sodoma com o levita saciam sua brutalidade na mulher, que morre em razão desse excesso; era preciso punir os culpados: de modo algum. As onze tribos massacram toda a tribo de Benjamin; escapam apenas seiscentos homens; mas as onze tribos ficam aborrecidas em ver perecer a décima segunda e, para resolver o problema, exterminam os habitantes de uma de suas próprias cidades para tomar seiscentas moças que entregam aos seiscentos benjaminitas sobreviventes para perpetuar essa bela raça.

Quantos crimes cometidos em nome do Senhor! Contaremos apenas o do homem de Deus, Aod. Os judeus, vindos de tão longe para conquistar, são submetidos aos filisteus; apesar do Senhor, juraram obediência ao rei Églon: um santo judeu, Aod, pede para falar a sós com o rei da parte de Deus. O rei não deixa de conceder-lhe a audiência; Aod o assassina, e foi esse exemplo que serviu tantas vezes entre os cristãos para trair, perder, massacrar tantos soberanos.

Enfim, a nação querida, que fora assim governada pelo próprio Deus, quer ter um rei; com o que o sacerdote Samuel fica bem aborrecido. O primeiro rei judeu reitera o costume de imolar homens: Saul ordenou prudentemente que ninguém comesse absolutamente nada durante o dia para melhor combater os filisteus, e para que os soldados tivessem mais força e vigor; jurou ao Senhor imolar-lhe aquele que comesse: felizmente, o povo foi mais sábio que ele; não permitiu que o filho do rei fosse sacrificado por ter comido um pouco de mel. Mas, eis aqui, irmãos, a ação mais detestável e mais consagrada: conta-se que Saul fez prisioneiro um rei daquela região, de nome Agag: não matou seu prisioneiro; agiu como as nações humanas e civilizadas. O que aconteceu? O Senhor fica irritado e Samuel, sacerdote do Senhor, vem e lhe diz: "Sois condenável por haverdes poupado um rei que se rendeu a vós"; e imediatamente o sacerdote carniceiro corta Agag em pedaços. Que diríamos, irmãos, se, quando o imperador Carlos V, tendo um rei da França em suas mãos, seu capelão tivesse vindo lhe dizer: Fostes danado por não haver matado Francisco I, e que esse capelão tivesse degolado aquele rei da França diante dos olhos do imperador, fazendo-o em pedacinhos. Mas que diremos do santo rei Davi, daquele que é agradável para o Deus dos judeus e que merece que o messias dele descenda? O bom rei Davi é inicialmente assaltante de profissão: ele saqueia, ele pilha tudo o que encontra; pilha, entre outros, um homem rico chamado Nabal, e casa-se com a mulher deste. Refugia-se junto ao rei Áquis e vai, durante a noite, transformar em fogo e sangue os povoados do mesmo rei Áquis, seu benfeitor; degola, diz o texto sagrado, homens, mulheres e crianças, por temer que restasse alguém para contar a notícia. Tornado rei, rapta a mulher de Urias e manda matar o marido; e é desse adultério homicida que vem o messias, o filho de Deus, o próprio Deus: ó blasfêmia! Davi, transformado assim em ancestral de Deus em recompensa por seu horrível crime, é punido pela única boa e sensata ação que praticou. Não existe um único príncipe bom e prudente que não saiba de quantos súditos é composto seu povo, como todo pastor sabe de quantos elementos seu rebanho se compõe. Davi conta sua gente, sem que nos digam, contudo, quantos súditos tinha; e é por ter feito esse sábio e útil censo que um profeta vem da parte de Deus para fazê-lo escolher entre a guerra, a peste ou a fome.

Não nos atardemos, caros irmãos, nas incontáveis barbáries dos reis de Judá e de Israel, nos assassinatos, nos atentados, sempre misturados a histórias ridículas; ridículo, contudo, sempre sanguinário, e não existe um único profeta, inclusive Eliseu, que não seja bárbaro. Esse digno devoto faz quarenta crianças serem devoradas por ursos, porque os pequenos inocentes haviam-no chamado de *careca*. Vamos deixar essa nação atroz em sua cativeidade na Babilônia, e em sua escravidão sob os romanos, com todas as belas promessas de seu deus Adonis ou Adonai, que tantas vezes prometera aos judeus a dominação da terra inteira. Enfim, sob o governo sábio dos romanos, nasce um rei para os hebreus, e esse rei, meus irmãos, esse shilo, esse messias, vós o conheceis; é aquele que, incluindo-se inicialmente no número infinito dos profetas sem missão que, não tendo sacerdócio, transformavam em ofício o fato de serem inspirados, foi, passados alguns séculos, considerado um Deus. Não vamos mais longe; verifiquemos apenas em que pretextos, em que fatos, em que milagres, em que predições, enfim, em que fundamentos foi construída essa repugnante e abominável história.

Segundo ponto

Ó meu Deus! Se descesses em pessoa à terra e me pedisses para acreditar nesse tecido de assassinatos, de roubos, de incestos, cometidos por ordem tua e em teu nome, eu te diria: Não, tua santidade não quer que eu admita essas coisas horríveis que te ultrajam; queres sem dúvida me pôr à prova.

Como, pois, virtuosos e sábios ouvintes, poderíamos acreditar nessa horrível história a partir dos miseráveis testemunhos que nos restam?

Percorramos de maneira sumária os livros tão falsamente imputados a Moisés; digo falsamente, pois não é possível que Moisés tenha falado de coisas acontecidas muito tempo depois dele, e nenhum de nós acreditaria que as Memórias de Guilherme, príncipe de Orange, fossem escritas de seu próprio punho, se nessas Memórias se falasse de fatos ocorridos após sua morte. Percorramos, como eu dizia, o que nos contam sob o nome de Moisés. Inicialmente Deus fez a luz que chamou de *dia*, depois as trevas que chamou de *noite*, e assim nasceu o primeiro dia. Desse modo, existiram dias antes que o Sol fosse feito.

Depois, no sexto dia, Deus fez o homem e a mulher; mas o autor, esquecendo que a mulher já estava feita, a tira em seguida de uma costela de Adão. Adão e Eva são colocados em um jardim, do qual saem quatro rios; e dois desses quatro rios, o Eufrates e o Nilo, têm sua nascente a mil léguas uma da outra. A serpente falava, naquela época, como o homem; era o mais sutil dos animais do campo; persuade a mulher a comer uma maçã, fazendo-a assim ser expulsa do paraíso. O gênero humano se multiplica, e os filhos de Deus apaixonam-se pelas filhas dos homens. Havia gigantes na Terra, e Deus se arrepende de ter feito o homem; quis, então, exterminá-lo com o dilúvio; mas quis salvar Noé e lhe ordenou fazer um barco de trezentos côvados de madeira de choupo. Nesse único barco devem entrar sete casais de todos os animais mundos e dois dos imundos; seria, portanto, necessário alimentá-los durante os dez meses que a água cobriu a terra. Ora, imaginai o que seria necessário para alimentar catorze elefantes, catorze camelos, catorze búfalos e tantos outros cavalos, asnos, alces, cervos, gamos, serpentes, avestruzes, enfim, mais de duas mil espécies. Perguntar-me-eis onde se teria conseguido água para cobrir toda a terra, a quinze côvados acima das mais altas montanhas? O texto responde que ela foi pega nas cataratas do céu. Só Deus sabe onde ficam essas cataratas. Deus fez, após o dilúvio, uma aliança com Noé e com todos os animais; e, para confirmar essa aliança, instituiu o arco-íris.

As pessoas que escreviam tais coisas não eram, como podeis ver, grandes físicos. Temos, pois, Noé, que tem uma religião dada por Deus, e essa religião não é nem a judaica nem a cristã. A posteridade de Noé quer construir uma torre que vá até o céu; bela empresa! Deus a teme; faz com que os operários falem, em dado momento, várias línguas diferentes, e eles se dispersam. Tudo é escrito nesse antigo gosto oriental.

É uma chuva de fogo que transforma as cidades em lago; é a mulher de Ló tornada estátua de sal; é Jacó que luta uma noite inteira contra um anjo e que é ferido na coxa; é José que, vendido escravo no Egito, torna-se primeiro-ministro por ter explicado um sonho. Setenta pessoas de sua família se estabelecem no Egito, e em duzentos e quinze anos se multiplicam, como vimos, até dois milhões. São esses dois milhões de hebreus que fogem do Egito e que tomam o caminho mais longo para ter o prazer de atravessar o mar a pé enxuto.

Mas esse milagre nada tem de espantoso; os magos do faraó também faziam belíssimos milagres e sabiam quase tanto quanto Moisés a esse respeito: transformavam, como ele, varas em serpentes; o que é uma coisa bem simples.

Se Moisés transformava água em sangue, assim também faziam os sábios do faraó. Ele fazia nascer rãs, e eles também. Mas foram vencidos no quesito piolhos; os judeus, quanto a isso, sabiam mais que as outras nações.

Finalmente, Adonai faz morrer todos os primogênitos do Egito para deixar seu povo partir tranquilamente. O mar se abre para esse povo, o que, evidentemente, era o mínimo que se podia fazer naquela ocasião; todo o resto é da mesma força. Esses povos erram no deserto. Alguns maridos se queixam das mulheres; imediatamente aparece uma água que faz inchar e morrer todas as mulheres que tinham alguma mancha em sua honra. Eles não têm absolutamente nada para comer; começam a chover codornas e manás. Suas roupas se conservam durante quarenta anos e crescem com as crianças; e, aparentemente, caem do céu roupas para os recém-nascidos.

Um profeta dos arredores quer maldizer esse povo, mas sua jumenta opõe-se a isso com um anjo, e a jumenta fala de modo muito razoável e bastante longamente ao profeta.

Se esse povo ataca uma cidade, as muralhas caem ao som das trombetas, como Anfion as construía com sua flauta. Mas eis o melhor: cinco reis amorreus, ou seja, cinco chefes de povoados, tentam se opor às devastações de Josué; não basta que sejam vencidos e vítimas de grande carnificina, o senhor Adonai faz chover sobre os que se põem em fuga uma pesada chuva de pedras. Ainda não basta; alguns fugitivos conseguem escapar e, para dar a Israel todo o tempo para persegui-los, a natureza suspende suas leis eternas: o Sol se detém em Gabaon, e a Lua em Ajalon. Não entendemos muito bem como a Lua entrou nisso, mas, enfim, o livro de Josué não permite nenhuma dúvida, e ele cita, como garantia, o *Livro dos justos*. Notemos, de passagem, que esse *Livro dos justos* é citado nos *Paralipômenos*; é como se nos apresentassem como autêntico um livro da época de Carlos V em que se citasse Puffendorf. Mas avancemos. De milagre em milagre, chegamos até Sansão, representado como um bom pândego, favorito de Deus; por não ter os cabelos cortados, ele desbarata mil filisteus com uma queixada de asno e amarra pelo rabo trezentas raposas que encontra mui oportunamente.

Não há quase nenhuma página que não apresente tais fábulas; aqui, é a sombra de Samuel que aparece à invocação de uma pitonisa; ali, é a sombra de um relógio de sol (supondo que esses miseráveis tivessem relógios solares) que recua dez graus à prece de Ezequias, que pedia judiciosamente esse sinal. Deus lhe permite escolher entre fazer avançar ou recuar a hora, e o douto Ezequias pensa que não é difícil fazer avançar a sombra, mas bem difícil fazê-la recuar.

É Elias que sobe ao céu em um carro de fogo; são crianças que cantam em uma fornalha ardente. Eu jamais venceria se quisesse entrar no detalhe de todas as extravagâncias inauditas de que esse livro formiga; jamais o senso comum foi atacado com tanta indecência e furor.

Assim é, do começo ao fim, o Antigo Testamento, pai do Novo, pai que desabona o filho e que o considera um filho bastardo e rebelde; pois os judeus, fiéis à lei de Moisés, olham com execração o cristianismo, erigido sobre as ruínas dessa lei. Mas os cristãos, à força de sutilezas, quiseram justificar o Novo Testamento exatamente por meio do Antigo. Assim, essas duas religiões se combatem com as mesmas armas; invocam o testemunho dos mesmos profetas; atestam as mesmas predições.

Os séculos futuros, que terão visto passar esses cultos insensatos e que, talvez, desgraçadamente, verão outros não menos indignos de Deus e dos homens, poderão acreditar que o judaísmo e o cristianismo se tenham apoiado em tais fundamentos, em tais profecias? E que profecias! Escutai: o profeta Isaías é chamado pelo rei Acaz, rei de Judá, para fazer-lhe algumas predições, segundo o costume vão e supersticioso de todo o Oriente, pois esses profetas eram, como sabeis, pessoas que se metiam a adivinhar para ganhar alguma coisa, como ainda existiam muitas na Europa no século passado, principalmente entre a arraia-miúda. O rei Acaz, sitiado em Jerusalém por Salmanazar, que havia tomado Samaria, pediu pois ao adivinho uma profecia e um sinal. Isaías lhe diz: eis o sinal. "Uma virgem ficará grávida, ela gerará um filho que terá por nome *Emanuel*; ele comerá manteiga e mel até que saiba rejeitar o mal e escolher o bem; e, antes que essa criança esteja em condições de fazê-lo, a terra que detestas será abandonada por seus dois reis; e o Senhor Eterno assobiará às moscas que estão às margens dos rios do Egito e de Assur; e o Senhor tomará uma navalha de aluguel e fará a barba do rei de Assur; rapa-lhe-á a cabeça e os pelos dos pés."

Após essa bela predição, relatada em Isaías, e sobre a qual não é dita uma única palavra no livro dos *Reis*, o próprio profeta é encarregado da execução. O Senhor ordena-lhe inicialmente escrever, em um grande pergaminho, que todos se apressem em *saquear*: ele apressa a pilhagem e, depois, na presença de testemunhas, deita-se com uma virgem e faz-lhe um filho: mas, em vez de chamá-lo *Emanuel*, dá-lhe o nome de *Maher Salal-has-bas*. Eis, irmãos, o que os cristãos distorceram em favor de seu Cristo: eis a profecia que estabelece o cristianismo. A moça a quem o profeta faz um filho é incontestavelmente a *Virgem Maria*; *Maher Salal-has-bas* é *Jesus Cristo*; quanto à manteiga e ao mel, não sei o que são. Cada adivinho prediz aos judeus sua libertação, quando estão cativos; essa libertação é, segundo os cristãos, a Jerusalém celeste, e a Igreja de nossos dias. Tudo é predição entre os judeus; mas, entre os cristãos, tudo é milagre, e todas as predições são figuras de Jesus Cristo.

Eis aqui, meus irmãos, uma dessas belas e esplêndidas predições: o grande profeta Ezequiel vê um aquilão e quatro animais, e rodas de crisólita repletas de olhos, e o Eterno lhe diz: *Levanta-te, come este livro e, depois, parte.*

O Eterno lhe ordena dormir trezentos e noventa dias sobre o lado esquerdo e, em seguida, quarenta sobre o lado direito. O Eterno amarra-o com cordas; esse profeta era mesmo louco de amarrar em poste: e nós ainda não terminamos. Será que consigo repetir sem vomitar o que Deus ordena a Ezequiel? Preciso fazê-lo. Deus lhe ordena comer pão de cevada cozido com merda. Será que o mais infame velhaco de nossos dias poderia imaginar tais imundícies? Sim, meus irmãos, o profeta come seu pão de cevada com os próprios excrementos: queixa-se de que tal refeição repugna-lhe um pouco e Deus, por indulgência, permite-lhe que dali por diante misture a seu pão apenas bosta de vaca. E esse é um tipo, uma figura da Igreja de Jesus Cristo.

Depois desse exemplo, é inútil relatar outros, perder nosso tempo combatendo todas essas divagações repugnantes e abomináveis que constituem o objeto das disputas entre judeus e cristãos: contentemo-nos em deplorar a mais lamentável cegueira que jamais ofuscou a razão humana; esperemos que tal cegueira acabe como tantas outras; e passemos ao Novo Testamento, digna continuação do que acabamos de dizer.

Terceiro ponto

Foi em vão que os judeus se tornaram um pouco mais esclarecidos nos tempos de Augusto que nos séculos bárbaros de que acabamos de falar; foi em vão que os judeus começaram a conhecer a imortalidade da alma, dogma desconhecido de Moisés, e as recompensas de Deus após a morte para os justos, assim como as punições (sejam quais forem) para os maus, dogma não menos ignorado por Moisés.

Nem por isso a razão penetrou mais nesse miserável povo no qual teve origem a religião cristã, que foi a fonte de tantas divisões, de guerras civis e de crimes, que fez correr tanto sangue e que é repartida em tantas seitas inimigas nos recantos da terra em que reina.

Sempre houve, entre os judeus, pessoas da ralé que bancaram os profetas para se distinguir do populacho: eis o que fez mais barulho e que foi transformado em deus; apresentaremos a síntese de sua história em poucas palavras, tal como contada nos livros que recebem o nome de *Evangelhos*. Não buscaremos saber em que época esses livros foram escritos, apesar de ser evidente que o foram após a ruína de Jerusalém. Sabeis com que absurdo os quatro autores se contradizem; é uma prova cabal de mentira. Mas, desgraçadamente, não precisamos de tantas provas para arruinar esse deplorável edifício; contentemo-nos com um relato curto e fiel.

Em primeiro lugar, fazem Jesus descender de Abraão e de Davi, e o escritor Mateus conta quarenta e duas gerações em dois mil anos; mas, na sua conta, só se encontram quarenta e uma, e na árvore genealógica que tira do livro dos *Reis* engana-se ainda grosseiramente dando Josias como pai a Jeconias.

Lucas também apresenta uma genealogia; mas coloca cinquenta e seis gerações depois de Abraão, e são gerações completamente diferentes. Finalmente, para completar, essas genealogias são as de José, e os evangelistas garantem que Jesus não é filho de José. Na verdade, alguém seria recebido em algum capítulo da Alemanha mediante tais provas de nobreza? E é do filho de Deus que se trata! E é o próprio Deus que é o autor desse livro!

Mateus diz que, quando Jesus, rei dos judeus, nasceu em um estábulo na cidade de Belém, três reis magos ou três reis viram sua estrela no Oriente, que seguiram essa estrela, que se deteve em Belém, e que o rei Herodes, tendo ouvido falar disso, mandou massacrar todas as crianças pequenas abaixo de dois anos: existe acaso horror mais ridículo? Mateus acrescenta que o pai e a mãe levaram o bebê para o Egito e ali permaneceram até a morte de Herodes. Lucas diz formalmente o contrário: ressalta que José e Maria permaneceram tranquilamente durante seis meses em Belém, que foram a Jerusalém, dali a Nazaré, e que todos os anos iam a Jerusalém.

Os evangelistas se contradizem sobre o tempo da vida de Jesus, sobre os milagres, sobre o dia da ceia, sobre o de sua morte, sobre as aparições após sua morte, em uma palavra, sobre quase todos os fatos. Havia quarenta e nove evangelhos feitos pelos cristãos dos primeiros séculos, que se contradiziam ainda mais uns aos outros: finalmente, foram escolhidos os quatro que nos restam; mas, mesmo que estivessem todos de acordo, quantas inépcias, Santo Deus! Quantas misérias, quantas coisas pueris e odiosas!

A primeira aventura de Jesus, ou seja, do filho de Deus, foi ser raptado pelo diabo: pois o diabo, que não apareceu no livro de Moisés, desempenha grande papel no *Evangelho*. O diabo leva pois Jesus ao alto de uma montanha no deserto; mostra-lhe, dali, todos os reinos da terra. Que montanha é essa, da qual se divisam tantos países? Não temos a menor ideia.

João conta que Jesus vai a certas núpcias e que transforma água em vinho; que expulsa do átrio do templo os que vendiam animais para os sacrifícios ordenados pela lei.

Todas as doenças eram então possessões do diabo; e, de fato, Deus deu como missão a seus apóstolos expulsar os diabos. Liberta, então, de passagem, um possuído que tinha uma legião de demônios e faz entrar esses demônios numa vara de porcos, que se precipitam no mar de Tiberíades; podemos imaginar que os donos desses porcos, que aparentemente não eram judeus, não ficaram nada contentes com a farsa. Curou um cego, e esse cego vê os homens como se fossem árvores. Quer comer figos no inverno, procura-os em uma figueira e, não encontrando, amaldiçoa a árvore e a faz secar; e o texto não deixa de acrescentar prudentemente: *Pois não era época de figos*.

Transforma-se durante a noite e faz vir Moisés e Elias... Na verdade, as fábulas dos feiticeiros chegam aos pés dessas impertinências? Esse homem, que dizia continuamente injúrias atrozes aos fariseus, que os chamava de *raça de víboras, sepulcros caiados*, é finalmente processado por eles na justiça e supliciado com dois ladrões; e seus historiadores têm a audácia de nos dizer que à sua morte a terra cobriu-se de espessas trevas em pleno meio-dia e em plena lua cheia; como todos os escritores desse período não teriam falado de tão estranho milagre?

Depois de tudo isso, não custa nada se dizer ressuscitado e de predizer o fim do mundo que, contudo, não aconteceu.

A seita desse Jesus subsiste de modo oculto, o fanatismo aumenta; não se ousa, inicialmente, transformar esse homem em Deus, mas em pouco tempo as pessoas se animam. Não sei que metafísica de Platão é mesclada à seita nazarena: Jesus torna-se o *logos*, o Verbo-Deus e, depois, consubstancial a Deus, seu pai. Imagina-se a Trindade e, para torná-la crível, falsificam-se os primeiros evangelhos.

Acrescenta-se uma passagem que menciona a Trindade e falsifica-se o historiador Josefo, para fazê-lo dizer algumas palavras sobre Jesus, apesar de Josefo ser um historiador por demais sério para ter feito menção de tal homem. Chega-se ao ponto de supor os versos das sibilas; supõem-se os cânones dos apóstolos, as Constituições dos apóstolos, o símbolo dos apóstolos, uma viagem de Simão Pedro a Roma, um duelo de milagres entre esse Simão e outro Simão, supostamente mágico. Em uma palavra, não existem artifícios, fraudes, imposturas de que os nazarenos não lancem mão: e, depois disso, vêm nos dizer tranquilamente que os pretensos apóstolos não puderam ser nem enganados nem enganadores, e que é preciso acreditar em testemunhas que foram degoladas por sustentar seus depoimentos.

Ó infelizes enganadores e enganados que falais assim! Que prova tendes de que esses apóstolos escreveram o que imputam aos seus nomes? Se puderam supor cânones, não poderiam também ter suposto evangelhos? Vós mesmos não reconheceis tais supostos? Quem vos disse que os apóstolos morreram para sustentar seus testemunhos? Não há um único historiador contemporâneo que tenha nem sequer citado Jesus e seus apóstolos. Admiti que sustentais mentiras com mentiras; admiti que a fúria de dominar os espíritos, o fanatismo e o tempo erigiram esse edifício que desmorona hoje de todos os lados, ruína que a razão detesta e que o erro quer sustentar.

Passados trezentos anos, eles conseguem fazer com que esse Jesus seja reconhecido como um deus; e, não contentes com essa blasfêmia, levam em seguida a extravagância até o ponto de colocar esse deus em um pedaço de massa; e, embora seu deus seja comido por camundongos, que seja digerido, expelido com os excrementos, eles afirmam que não há pão na hóstia, que é única e exclusivamente Deus que se colocou no lugar do pão, na voz de um homem. Todas as superstições vêm em massa inundar a Igreja; a rapina preside a tudo; vende-se a remissão dos pecados, vendem-se indulgências e benefícios, e tudo pode ser leiloado.

Essa seita se subdivide em uma multiplicidade de outras: em todos os tempos seus partidários lutam, degolam, assassinam. A cada disputa, reis e príncipes são massacrados.

Esse é o fruto, caríssimos irmãos, da árvore da cruz, do patíbulo que foi divinizado.

Esta a razão por que ousam fazer Deus vir à terra! Para entregar a Europa durante séculos ao assassinato e à pilhagem. É verdade que nossos pais já sacudiram uma parte desse jugo terrível; que se desfizeram de alguns erros, de algumas superstições; mas, meu Deus, como deixaram a obra imperfeita! Tudo nos diz que já é tempo de concluí-la e de destruir dos pés à cabeça o ídolo do qual mal quebramos alguns dedos. Inúmeros teólogos já abraçam o socianismo, que muito se aproxima da adoração de um único Deus, livre da superstição. A Inglaterra, a Alemanha, nossas províncias estão cheias de doutores sábios esperando apenas uma oportunidade para vir à luz; existem também muitos deles em outros países: por que, então, esperar mais tempo? Por que não adorar Deus em espírito e em verdade? Por que obstinar-se a ensinar aquilo em que não se crê e tornar-se culpado, diante de Deus, desse enorme pecado?

Dizem-nos que o povo precisa de mistérios, que é preciso enganá-lo. Eh! Irmãos, pode-se fazer tal ultraje ao gênero humano? Nossos pais já não tiraram do povo a transubstanciação, a adoração das criaturas e dos ossos dos mortos, a confissão auricular, as indulgências, os exorcismos, os falsos milagres e as imagens ridículas? O povo acaso não se acostumou com a privação desses alimentos da superstição? É preciso ter a coragem de dar mais alguns passos: o povo não é tão imbecil quanto se pensa; aceitará sem dificuldade um culto ponderado e simples de um Deus único, como o que nos dizem que Abraão e Noé professaram, como o que é aceito na China por todos os letrados. Não pretendemos despojar os padres de tudo o que a liberalidade dos povos lhes deu; mas gostaríamos que esses padres, já que quase todos zombam secretamente das mentiras que recitam, se juntassem a nós para pregar a verdade. Que tomem cuidado, eles ofendem, eles desonram a Divindade e, nesse caso, eles a glorificariam. Quantos bens inestimáveis seriam produzidos por tão feliz mudança! Os príncipes e os magistrados seriam mais bem obedecidos; os povos, mais tranquilos; o espírito de divisão e de ódio, dissipado. A Deus seriam oferecidas, em paz, as primícias de seus trabalhos; haveria certamente mais probidade na terra, pois um grande número de espíritos fracos, que ouvem todos os dias falar com desprezo dessa superstição cristã, que sabem que ela é ridicularizada até mesmo por tantos padres, imaginam, sem refletir, que não existe efetivamente nenhuma religião; e, com base nesse princípio, se abandonam a excessos. Mas, quando souberem que a seita cristã não é, de fato, senão a perversão da religião natural; quando a razão, livre de seus ferros, ensinar ao povo que existe um único Deus; que esse Deus é o pai comum de todos os homens, que são irmãos; que esses irmãos devem ser, uns para com os outros, bons e justos; que devem exercer todas as virtudes; que Deus, sendo bom e justo, deve recompensar essas virtudes e punir os crimes: certamente então, irmãos, os homens se tornarão pessoas melhores, sendo menos supersticiosos.

Nós começamos a dar esse exemplo em segredo, e ousamos esperar que seja seguido em público.

Possa esse grande Deus que me escuta, esse Deus que seguramente não pode nem ter nascido de uma virgem, nem ter sido morto em um patíbulo, nem ser comido em um pedaço de massa, nem ter inspirado esses livros repletos de contradições, de demência e de horror; possa esse Deus, criador de todos os mundos, ter piedade dessa seita de cristãos que blasfemam! Possa ele reconduzi-los à religião santa e natural, e espalhar suas bênçãos sobre os esforços que fazemos para que ele seja adorado! *Amém*.

DISCURSO DO CONSELHEIRO ANNE DUBOURG A SEUS JUÍZES

(1771)

A história de um enforcado do século XVI e suas últimas palavras são em geral pouco interessantes. O povo vai assistir alegremente a esse espetáculo, que lhe oferecem gratuitamente. Os juízes ganhavam suas especiarias* e diziam: "Vejamos quem nos resta enforcar." Mas um homem como o conselheiro Anne Dubourg pode chamar a atenção da posteridade.

Estava preso na Bastilha e havia sido julgado, apesar das leis, por comissários tirados do próprio parlamento.

O instinto que faz amar a vida levou Dubourg a recusar algum tempo seus juízes, a reclamar as formas, a se defender pelas leis contra a força.

Uma mulher de qualidade, chamada senhora Lacaille, acusada como ele de favorecer os reformadores e detida como ele na Bastilha, encontrou um meio de lhe falar e disse: "Não tendes vergonha de regatear vossa vida? Temeis morrer por Deus?"

Não estava bem demonstrado que Deus, que cuida de tantos globos girando em torno de seus sóis nas planícies do éter, quisesse expressamente que um conselheiro clerical fosse enforcado por ele na praça de Grève; mas a senhora Lacaille estava convencida disso.

No final, o conselheiro acabou acreditando um pouco e, apelando a toda sua coragem, admitiu que, sendo francês e sobrinho de um chanceler da França, preferia Paris a Roma; que Jesus Cristo nunca

---

* No século XVII, os juízes recebiam, dos próprios pleiteantes, especiarias ou outros gêneros *in natura*, como suplementação de seus honorários profissionais. (N. da T.)

havia sido prelado romano; que a França não devia sujeitar-se aos Guise e a um legado; que a Igreja tinha extrema necessidade de ser reformada, etc. Com essa confissão, foi declarado herético, condenado a ser queimado de direito e, por graça, a ser enforcado antes.

Quando estava no patíbulo, assim falou:

"Haveis, ao me julgar, violado todas as formas das leis: quem despreza a este ponto as regras sempre despreza a equidade. Não me espanta haverdes pronunciado minha morte, já que sois escravos dos Guise, que assim decidiram. Será, sem dúvida, uma mancha eterna em vossa memória, e na companhia da qual sou membro, que tenhais somado um confrade a tantas outras vítimas; um confrade cujo único crime foi ter falado em nossas assembleias contra as pretensões da corte de Roma, em favor dos direitos de nossos monarcas.

"Não posso olhar-vos nem como meus confrades, nem como meus juízes; vós mesmos renunciastes a essa dignidade para serdes apenas comissários. Perdoo-vos minha morte; perdoo-a aos carrascos: eles não passam de instrumentos de uma potência superior; assassinam juridicamente pelo dinheiro que lhes dão. Sois carrascos pagos pela facção dos Guise. Morro por ter sido o defensor do rei e do Estado contra essa facção funesta.

"Vós que até este momento havíeis sustentado a majestade do trono e as liberdades da Igreja galicana, vós as traís para agradar a estrangeiros. Aviltastes-vos até o opróbrio de admitir em vossa comissão um inquisidor do papa.

"Deveríeis ver que abris para a França uma via bem funesta, pela qual se caminhará durante tempo demais. Emprestais vossas mãos mercenárias para submeter a França inteira à linhagem inferior de uma casa vassala de nossos reis. A coroa será esmagada pela mitra de um bispo italiano. É impossível empreender tal revolução sem mergulhar o Estado em guerras civis que durarão mais que vós e vossos filhos, e que produzirão tanto mais crimes por terem a religião como pretexto e a ambição como causa. Ver-se-á renascer na França os tempos horrendos em que os papas perseguiam, depunham, assassinavam os imperadores Henrique IV, Henrique V, Frederico I, Frederico II e tantos outros na Alemanha e na Itália. A França nadará em sangue. Nossos reis expirarão sob o punhal dos Aod, dos Samuel, dos Joad e de cem fanáticos.

"Poderíeis ter evitado tais flagelos; e sois vós que os preparais. Certamente, tal infâmia não teria sido cometida pelos grandes homens que inventaram a apelação por abuso de direito, que acusaram, no concílio de Piza, Júlio II, esse padre soldado, esse incendiário da Europa; que se levantaram tão altamente contra os crimes de Alexandre VI; e que, desde a instituição das leis, foram seus guardiões e órgãos da justiça.

"A honra da antiga cavalaria governava então a grande câmara, composta originariamente de nobres, no mínimo iguais a esses senhores estrangeiros que vos subjugaram, que vos tiranizam e pagam.

"Vendestes minha cabeça: o prêmio será bem medíocre, a vergonha será grande; mas, vendendo-vos aos Guise, descestes abaixo da vergonha.

"Vosso julgamento contra alguns outros de nossos confrades é menos cruel, mas não é menos absurdo, nem menos ignominioso. Condenais o sábio Paul de Foix e o intrépido Dufaur a pedir perdão a Deus, ao rei e à justiça, por haverem dito que é preciso converter os reformadores com razões, com costumes puros, e não com suplícios; e, para somar o ridículo à atrocidade de vossos decretos, ordenais que Paul de Foix declare, diante das câmaras reunidas, *que a forma é inseparável da matéria na eucaristia*: que tem em comum esse galimatias peripatético com a religião cristã, com as leis do reino, com os deveres de um magistrado, com o bom senso? Em que vos estais metendo? Cabe a vós bancar os teólogos? Já não bastam as absurdidades de Cujas e de Bartolo, sem contar ainda as de Tomás de Aquino, de Scott e de Bonaventura?

"Não enrubesceis de vos incrustardes hoje na ignorância dos séculos XIV e XV, quando o resto do mundo começa a se esclarecer? Continuareis sendo eternamente como éreis sob Luís XI, quando mandastes apreender as primeiras edições impressas do *Evangelho* e da *Imitação de Jesus Cristo* trazidas da baixa Alemanha pelos inventores dessa grande arte? Tomastes esses homens admiráveis por feiticeiros; começastes seu processo criminal; suas obras foram perdidas e o rei, para salvar a honra da França, foi obrigado a interromper vossos processos e a pagar-lhes os livros. Estais há muito tempo mergulhados no pântano de nossa antiga barbárie. É triste ser ignorante, mas é terrível ser covarde e corrupto.

"Minha vida é pouca coisa, e eu a abandono a vós: vosso decreto é digno do tempo em que estamos. Prevejo tempos em que sereis ainda mais culpados e morro com o consolo de não ser testemunha desses tempos infortunados."

CONSELHOS AO SENHOR HELVETIUS

*Sobre a composição e sobre a escolha do tema
de uma epístola moral*

(1738)

Primeira regra

A escolha de uma epístola deve interessar ao coração e esclarecer o espírito. Uma verdade que não é lugar-comum, que diz respeito à felicidade dos homens, que fornece imagens próprias para comover, é a melhor escolha que se pode fazer. Se nela houver quadros que despertem e agradem a imaginação, máximas e preceitos que possamos apresentar da maneira mais sedutora, será o meio de esclarecer o espírito divertindo-o.

Segunda regra

As ideias devem ser expostas na ordem mais natural, a fim de se sucederem sem esforço e para que um pensamento sempre sirva para desenvolver o outro: assim poupam-se esforços ao leitor, mantém-se sua atenção e instiga-se sua curiosidade. As imagens devem ser intensamente variadas de modo que a imaginação sempre se surpreenda e se encante.

Terceira regra

É preciso que os encadeamentos sejam curtos, claros e permitam passar facilmente de um objeto a outro. São frequentemente difíceis de achar; não os encontramos imediatamente: em geral, devemos desconfiar bastante de sua primeira forma. Para evitar sacrificar versos, trechos que custaram trabalho, talvez fosse mais conveniente escrever uma primeira versão em prosa.

Quarta regra

Apressar-se para chegar ao final do assunto, levar o leitor pelo caminho mais curto; pintar de um objeto somente o que é necessário ao objetivo principal; não se alongar excessivamente nos detalhes, quando as massas bastam para criar as impressões que se deseja produzir; sempre concluir, se possível, com algum trecho brilhante e de efeito.

Quinta regra

Não estabelecer a verdade que se quer provar com lugares-comuns de pensamentos triviais, de imagens por demais familiares e de máximas batidas. O detalhe das provas deve ser trabalhado tão cuidadosamente quanto todas as outras partes da obra. Sempre é possível ser novo pela novidade dos torneados e pela correção do estilo.

Sexta regra

Transformar o máximo possível em sentimento as reflexões sobre as loucuras e as desgraças dos homens. Não há melhor maneira de embelezar uma obra didática e torná-la interessante do que, ao tratar cada parte como convém para o efeito do conjunto, apurá-la até imaginar ter alcançado o melhor possível.

Sétima regra

Quanto às imagens, seu efeito depende da grandeza, do brilho e da maneira nova de apresentar um objeto, a fim de salientar o que o olho desatento não vê. Pintar objetos desconhecidos por muitos é equivocar-se. Poucas pessoas podem captá-los ou senti-los, a menos que sejam tão vastos que não se possa deixar de vê-los.

Oitava regra

Quanto à expressão, é preciso estar atento à palavra e aos torneados mais apropriados. Só existe uma expressão para bem transmitir uma ideia; ela deve ser nítida e forte; escolher verbos de movimento; ter o cuidado de variar os torneados; conservar a harmonia; só usar sílabas plenas e não fazer inversões muito fortes; levar em conta ainda a ligação da palavra com o torneado; trabalhar cada uma das partes com todas as forças do espírito, aplicando-o sucessivamente a cada uma delas.

Nona regra

Nas artes do gênio, principalmente em poesia, o melhor meio de ser hábil é, nas primeiras peças que se escrevem, refazê-las até que estejam perfeitas. Consegue-se assim a vantagem de bem se imbuir do assunto, de considerá-lo sob suas formas mais felizes e de aprender todas as regras da perfeição, de que não mais nos desfazemos, quando elas se transformam em princípios habituais.

Décima regra

Deve-se ainda examinar se um assunto é suscetível de invenção, e não o acreditar desprovido dela por não ter cedido no primeiro esforço. Numa epístola muitas vezes ela não é oportuna; mas é a parte primordial no poema épico e na tragédia.

Décima primeira regra

A escolha do assunto das obras é muito importante. Muitas memórias e defesas de advogados célebres são obras-primas: não são lidas; não interessam a ninguém. Na poesia didática, deve-se provar de maneira nova não apenas coisas que os homens têm interesse em saber; mas é bem mais vantajoso ter de lhes provar o que já pensam, isto é, o que é certo para a maioria.

Décima segunda regra

Temos certeza de haver encontrado a melhor ordem possível quando os pensamentos vão se engendrando sucessivamente. Essa ordem deve produzir dois efeitos: o autor nunca é obrigado a voltar atrás; e o leitor, fortalecendo-se na primeira ideia, aprende sempre algo novo, o que constitui uma espécie de interesse.

CONSELHOS AO SENHOR RACINE

Sobre seu poema Da religião
de um amante das belas-letras

(1742)

Lendo o poema *Da religião* do filho de nosso ilustre Racine, observei belezas; mas senti um defeito que reina em toda a obra: a monotonia. É possível remediar facilmente, numa segunda edição, todas as outras falhas; retifica-se uma ideia falsa, aprimoram-se versos descuidados, esclarece-se uma frase obscura, acrescentam-se belezas; mas será um pouco mais difícil transformar a uniformidade, espalhada por toda a obra, na variedade instigante, única capaz de proporcionar prazer. Lembro-me de um verso encantador do falecido senhor Lamotte:

O tédio nasceu um dia da uniformidade.

Contudo, ouso exortar o estimável autor desse poema a empreender os maiores esforços para atingir essa beleza absolutamente necessária. Ouvi o senhor Silhouette dizer que *O cacho de cabelo* do senhor Pope teve inicialmente um sucesso apenas medíocre, porque nele não havia invenção; mas teve melhor sorte quando o autor aprimorou o divertimento introduzindo-lhe gênios, silfos e ondinos. Não são tais ficções, sem dúvida, que peço ao senhor Racine; mas mais calor, mais figuras e quadros mais instigantes.

Quisera ora que ele interrogasse a Sabedoria eterna, que lhe responderia das alturas celestes; ora que o próprio Verbo, descido à terra, viesse reunir Maomé, Confúcio, Zoroastro, chamados por um momento do seio das trevas para ouvi-lo; aqui, eu quisera que o abismo se entreabrisse: desejaria descer até ele em imaginação para interrogar os sábios da Antiguidade e para lhes arrancar a confissão de que não conheceram a sabedoria.

Ali, eu faria a história de um príncipe que, nas grandezas, nas vitórias e nos prazeres, procurou inutilmente a felicidade, a qual depois foi encontrá-lo na solidão. Mais adiante, pintaria um homem que a embriaguez do mundo tornava duro e infeliz e que depois voltava a ser compassivo, indulgente, bondoso e portanto feliz. Cem imagens desse gênero despertariam o espírito do leitor que o histórico entorpece e o dogmático adormece.

Exorto ainda o autor a pensar por si mesmo: ele é capaz. Não é preciso pôr o tempo todo em versos Pascal, Santo Agostinho, Arnauld. Essa sujeição do espírito o estorva demais em sua marcha. Imitação demais apaga o gênio. Se quiser começar a dar livre curso a sua alma, será esse o momento de rogar-lhe que corrija as negligências de estilo. Tomarei então a liberdade de mostrar-lhe que o primeiro canto começa de modo um pouco lânguido; não que sejam necessários versos muito fortes num início, mas não devem arrastar-se.

A ideia de um *apoio verdadeiro* que a razão *torna amável* não é, nem de longe, bastante grande. Trata-se da felicidade de todos os homens, e de uma felicidade eterna; as palavras devem pintar. Além disso, será tão maravilhoso que nosso *apoio verdadeiro* torne-se *amável*? A dificuldade, a beleza consiste em tornar amável um jugo, uma servidão que nos incomoda, e não um apoio que nos tranquiliza.

Direi ainda que, já na primeira página, não devemos ser negligentes a ponto de dizer *os direitos, a glória te é cara*. Esses erros de gramática são muito evidentes e revoltam por demais os ouvidos, mesmo os menos delicados.

Mas somente após reelaborar a obra com gênio é que se deverá rever escrupulosamente os detalhes. Acredito ainda mais que ele a embelezará porque vejo coisas no segundo canto que me parecem dever servir-lhe de modelo para todo o resto.

Que ele não diga, como no quarto canto, que não quer imitar Sannazar. Esse poeta italiano desfigurou sua obra, aliás medíocre, com ficções indecentes e pueris; e proponho ao senhor Racine tornar-se muito superior a Sannazar, embelezando seu poema com imagens nobres e interessantes.

Non satis est pulchra esse poemata; dulcia sunto*

Quanto menos convincentes os argumentadores, maior a necessidade de seduzir pelas graças do discurso; vejamos, por exemplo, na página 130, um argumento proposto em versos didáticos:

Se vosso Deus por vós só tivesse indiferença,
Poderia ele, esquecendo sua glória ofendida,
Permitir o erro, que ele parece autorizar,
De abusar de seu nome para nos tiranizar?

Sentimos quanto esse argumento é falso; pois Deus permite que os homens sejam enganados pelo maometismo, cujos preceitos são extremamente severos, já que ordenam a prece cinco vezes por dia, a mais rigorosa abstinência, a esmola do décimo dos bens sob pena de danação. Jesus Cristo permite ainda que os homens sejam enganados na mais bela parte da Terra, há mais de três mil anos, pela admirável e austera moral de Confúcio. Assim, um argumento tão falso, apresentado tão secamente, é capaz de causar grande prejuízo ao conteúdo da obra.

Existem, infelizmente, alguns desse tipo; aconselharia então, mais uma vez, ao estimável autor, a argumentar menos e a embelezar mais. Por que dizer que existem mais cristãos que muçulmanos na Terra? Sabemos que esse fato é, no mínimo, muito duvidoso. E o que provaria se fosse verdade? Nenhum erro, nenhuma falsa prova deve entrar numa obra consagrada à divina verdade. Não quero de modo algum censurar o projeto de colocar em versos os *Pensamentos* de Pascal; mas, rimando esses Pensamentos, deve-se tanto enobrecê-los quanto ser exato, e ainda inventar novos.

Pergunto para onde vamos, de onde viemos, quem somos;
E vejo-os correr, pouco comovidos com nossos males,
Para divertimentos que chamam de trabalhos.
Destruímos, construímos, intrigamos, projetamos.

O leitor fica então na expectativa de uma descrição desses trabalhos, dessas destruições, dessas intrigas e dessa torrente do mundo

---

* Não basta que os poemas sejam belos; eles devem ser doces. (N. da T.)

que arrasta todos os homens para longe de si mesmos; mas, em vez dessa ideia grande e necessária, eis o que encontramos:

> *Sem cessar se escreve e sem cessar se repete.*
> *Um, cioso de seus versos, frutos vãos de um doce repouso,*
> *Pensa que Deus só o fez para ordenar palavras;*
> *O outro, sentado para ouvir e julgar nossas querelas,*
> *Dita um amontoado de sentenças que as torna eternas.*

Limitar-se a essas pequenas imagens significa não apenas cair, mas, caindo, afastar-se de seu caminho: ele pinta duas ocupações sedentárias, em vez de fazer passar ante meus olhos o rápido espetáculo da roda da fortuna que arrasta o gênero humano; confunde uma diversão com a mais digna ocupação dos homens, outorgar justiça; além disso, não é verdade que uma sentença do parlamento, ao julgar um processo, o eternize.

> *Cem vezes desejei (faço a vergonhosa confissão)*
> *Poder de minhas desgraças me distrair como eles,*
> *E, arriscando sem remorsos minha alma infortunada,*
> *Esperar do acaso meu triste destino.*

Primeiramente, como ele desejou se distrair como aqueles que fazem versos, quando ele próprio faz versos?

Segundo, qual a alternativa entre fazer versos e julgar processos? Terceiro, todos os juízes arriscam, sem remorsos, sua alma infortunada? Quarto, quem espera seu triste destino do acaso, quando até estudantes do segundo ano sabem, hoje, que o acaso não passa de um nome? É pois equivocadamente que já no início de seu poema, na página 6, ele diz:

> *Ó tu, que de modo vão fazes do acaso teu Deus!*

Pois, mais uma vez, não existe nenhum livro escrito nos últimos cem anos em que se atribua alguma coisa ao acaso. O grande sistema dos materialistas é a necessidade.

Menciono, ao senhor Racine, esse pequeno exemplo entre tantos outros, não duvidando que um espírito como o seu possa sentir o valor da precisão e remediar a esses pequenos defeitos onde os encontrar em seu livro.

Ele negligencia, em seu poema sobre nossa religião, o grande fundamento dessa própria religião, que é a necessidade de um redentor; e, em vez de falar dessa necessidade, aponta como prova da missão de Jesus Cristo não sei que boato, que correu na época de Vespasiano, de que o império romano seria de um homem que viria da Judeia: expõe assim nossa santa religião ao desprezo dos deístas, de que a Terra está coberta. Eles desdenham nossas boas razões quando lhes apresentamos essas que são tão ruins; a causa de nosso Salvador Jesus Cristo se enfraquece pela desatenção do poeta.

Vemos assim, há algum tempo, o *Mercure galant* repleto de estranhas dissertações sobre Jesus Cristo e os profetas, escritas por homens um pouco incompetentes, que queriam explicar profecias que Grócio, Huet, Calmet, Hardouin não puderam entender. Vimos, com extrema dor, as coisas sagradas assim profanadas e entregues ao injusto sarcasmo dos espíritos fortes. Conjuro pois, com instância, o senhor Racine a empregar melhores provas com a eloquência de que é capaz. Só desejo a perfeição da obra, a glória do autor, o bem das letras e do público.

Tomo a liberdade de intimá-lo a fazer ainda novos esforços quando luta contra os antigos e os modernos em suas descrições. Por exemplo, o senhor Voltaire, em um de seus discursos em versos, explicou-se assim:

> *O sábio Dufai, entre plantas diversas,*
> *Vegetais trazidos de todo o universo,*
> *Acaso me dirá por que a delicada sensitiva*
> *Retrai-se em suas mãos, tímida e fugitiva?...*
> *Por que essa larva mutante constrói seu túmulo,*
> *Se enterra e ressuscita com um novo corpo,*
> *E, com a fronte coroada e faiscante,*
> *Alça voo estendendo as asas?*

Essa mesma larva, diz o senhor Racine,

> *Entre os irmãos rasteiros, que hoje despreza,*
> *Arrastando na terra sua vida obscura,*
> *Parecia querer esconder a triste figura;*
> *Mas os tempos mudaram; sua morte foi um sono;*

> *E a vimos, plena de glória em seu brilhante acordar,*
> *Deixando na tumba seus grosseiros despojos,*
> *Com um sublime impulso em direção à luz voar.*

O senhor Racine tem um espírito justo demais para não concordar facilmente que esses versos precisam ainda ser um pouco retocados. Ele não diz precisamente o que deve dizer. Diz: *Sua morte foi um sono*, sem ter antes falado dessa pretensa morte. *Os tempos mudaram* é uma expressão que convém aos acontecimentos da fortuna e não a um efeito físico. Não devemos dizer de uma mosca que é *plena de glória*, nem que seu *impulso é sublime*. Dizer muito é dizer mal; exagerar é irritar. Escolhamos alguns outros trechos em que ele se encontra com o mesmo autor.

> SENHOR VOLTAIRE
> *Pergunta a Sylva por que secreto mistério*
> *Este pão, este alimento em meu corpo digerido,*
> *Se transforma num leite suavemente preparado;*
> *Como, sempre filtrado por caminhos certeiros,*
> *Em riachos de púrpura corre encher minhas veias.*

> SENHOR RACINE
> *Mas quem dá a meu sangue este ardor salutar*
> *Sem ordem alguma alimenta meu calor necessário;*
> *Ao mesmo tempo faz bater meu coração;*
> *Nesse centro fecundo forma seu licor,*
> *Vem me esquentar com seu rápido curso.*

> SENHOR VOLTAIRE
> *Roma enfim se descobre a seus olhares cruéis*
> *Roma, outrora seu templo e terror dos mortais;*
> *Roma cujo destino, na paz, na guerra,*
> *É ser em todos os tempos senhora da terra.*
> *Pelo direito dos combates vimo-la muitas vezes*
> *Sujeitar todos os reis em seus tronos sangrentos;*
> *O universo se curvava à sua águia terrível:*
> *Ela exerce hoje um poder mais pacífico;*

CONSELHOS AO SENHOR RACINE

Vemo-la sob seu jugo sujeitar os vencedores,
Comandar os espíritos e comandar os corações;
Suas opiniões são suas leis, seus decretos suas armas etc.

SENHOR RACINE
Esta cidade outrora senhora da terra,
Roma que, pelo ferro e pelo direito de guerra,
Comandava outrora todas as nações,
Roma comanda ainda pela religião.
Com mais suavidade e não menor extensão,
Seu império estabelecido fere-me a vista.
Os povos, de seu seio afastados pela tempestade,
Contra seu Deus, ao menos, não se sentem revoltados;
Todo o Norte é cristão, todo Oriente também etc.
                                    (Canto III, 1-9)

SENHOR VOLTAIRE
Não esqueceste aqueles sagrados homicídios
Que a teus indignos deuses ofereciam teus druidas.
                            (*Henriade*, Canto V, 97-98)

SENHOR RACINE
Os gauleses detestando as honras homicidas
Que o ferro de seus druidas oferece aos seus deuses cruéis.
                                (Canto IV, 251-252)

SENHOR VOLTAIRE
O crime tem seus heróis, o erro seus mártires etc.
                            (*Henriade*, Canto V, 100)

SENHOR RACINE
O erro tem seus mártires; o bonzo loucamente etc.
                                    (Canto IV, 314)

SENHOR VOLTAIRE
Nos pomposos destroços de Belona e de Marte,
Um pontífice está sentado no trono dos Césares.

> *Padres afortunados calcam com pés tranquilos*
> *O túmulo de Catão e a cinza de Emílio.*
> *O trono está no altar e o poder absoluto*
> *Coloca nas mesmas mãos o cetro e o incensório.*
> (*Henriade*, Canto IV, 181-186)

SENHOR RACINE
> *Terrível por seus efeitos e seu gládio invisível,*
> *Tranquilamente sentado num palácio pacífico,*
> *Com o anel do pescador autorizando suas leis,*
> *Como seus filhos um padre trata nossos reis.*
> (Canto IV, 431-434)

SENHOR VOLTAIRE
> *Tu, cuja mão sábia e o metro exato*
> *Da terra atônita fixaram a figura,*
> *Revela os mecanismos da gravidade;*
> *Tu conheces as leis que estabelece seu autor;*
> *Fala, ensina-me como suas mãos fecundas*
> *Fazem girar tantos céus, gravitar tantos mundos...*
> *Não o sabes etc.*
> (Quarto Discurso, 51-57)

SENHOR RACINE
> *Tu, que do universo o arquiteto supremo*
> *Encarregou do cuidado de esclarecê-lo*
> *Sobre trabalhos que contigo não posso partilhar,*
> *Se ouso te distrair e interrogar,*
> *Dize que atração para a terra chama*
> *Este corpo que nos ares ele tão longe lança...*
> *A gravidade... até a palavra te perturba.*
> (Canto V, 253-259)

SENHOR VOLTAIRE
> *Em direção a um centro comum, tudo gravita ao mesmo tempo.*
> (*Epístola à senhora de Châtelet*, 32)

CONSELHOS AO SENHOR RACINE

SENHOR RACINE
Em direção a um centro comum todos pesam ao mesmo tempo.
                                                    (Canto V, 218)

SENHOR VOLTAIRE
E que pereça para sempre a horrível política
Que almeja ter sobre os corações um poder despótico;
Que quer, com a espada em punho, converter os mortais;
Que com o sangue herético rega os altares,
E, tendo um falso zelo ou o interesse por guias,
Serve um Deus de paz com homicídios!
                                          (*Henriade*, Canto II, 17-22)

SENHOR RACINE
Que Deus contrário ao nosso poderia ter-nos ensinado
Que sustentando um dogma é preciso, para defendê-lo,
Armados com espadas, grandemente arrebatados,
Num coração obstinado mergulhar seu argumento?
                                                    (Canto VI, 315-318)

SENHOR VOLTAIRE
Já do caminho
A augusta verdade vem me abrir a porta;
Já esses turbilhões empurrados uns pelos outros,
Movimentando-se sem espaço e sem regra amontoados,
Esses sábios fantasmas a meus olhos desaparecem.
Um dia mais puro me ilumina; meus movimentos renascem,
O espaço que de Deus contém a imensidão
Vê rolar em seu seio o universo limitado;
Esse universo tão vasto à nossa fraca vista,
E que não passa de um átomo, um ponto na extensão.
                                  (*Epístola à senhora de Châtelet*, 21-30)

SENHOR RACINE
Dali, de um cúbico caos, berço da natureza,
Saem três elementos de diversa figura.

> *Ali, esses ângulos que seu entrechocar rebenta,*
> *Quando Deus, que no pleno coloca tudo em movimento,*
> *Pela primeira vez fez girar a matéria.*
> *..*
> *Newton não a vê; mas vê ou acredita ver*
> *Numa extensão vazia todos os corpos se moverem.*
> (Canto V, 237-243)

> SENHOR VOLTAIRE
> *Suavizará ele os golpes de sua mão vingadora?*[1]
> *Punirá, ai! momentos de fraqueza,*
> *Prazeres passageiros, cheios de perturbação e tédio,*
> *Com tormentos medonhos, eternos como ele?*
>
> SENHOR RACINE
> *Mas, contra uma doçura rapidamente gozada,*
> *Que consola em sua sede uma alma atormentada,*
> *Será possível que ele se irrite tanto,*
> *E que por um pouco de mel condene à morte?*
> (Canto VI, 23-26)

Omito alguns outros exemplos, e não quero entrar no detalhe dos versos que o autor deve absolutamente corrigir, porque o estimo bastante para acreditar que ele próprio os sentirá ou que consultará alguns de nossos acadêmicos que mais gosto têm. Nem sempre são os poetas que se deve consultar em poesia. O senhor Patru era o conselheiro do senhor Despréaux. Parece-me que o senhor Racine não devia dirigir-se a Rousseau sobre tal obra. Nossos minguados versos alexandrinos feitos por Rousseau provam que não tinha o gosto desse tipo de versificação; e suas epístolas mostram que o arrazoado não se devia totalmente a ele. Com efeito, em suas melhores epístolas, como a dirigida a Marot, há muitos paralogismos; e a que acabamos de imprimir após o poema *Da religião* não é certamente o que ele fez de melhor em matéria de argumentação e poesia.

---

[1] O senhor Voltaire permitiu-me suavizar assim esses versos, cujo sentido me parece duro demais quando é positivo.

Rousseau, nessa epístola, continua atacando a seita antiga que atribuía tudo ao acaso. Ainda uma vez, não devemos lutar contra esses fantasmas; devemos atacar em seu ponto forte, mas com extrema caridade, esses incrédulos, que admitem um Deus todo-poderoso e bondoso, que só fez coisas boas e que nos dá a medida de conhecimentos e felicidades proporcional à nossa natureza; que nunca pode mudar; que imprime em todos os corações a lei natural; que é e sempre foi o pai de todos os homens; que não tem predileção por um povo; que não olha as outras criaturas com furor; que não nos deu a razão para exigir que acreditemos no que essa razão reprova; que não nos esclarece para nos cegar, etc.

Eis os dogmas monstruosos, as sutilezas tão evidentemente criminosas que era preciso destruir; mas na verdade era o senhor Rousseau capaz disso? era digno disso? e o tom de autoridade, a linguagem dos Bourdaloue e dos Massilon convinha a uma boca manchada por tudo o que jamais a sodomia e a bestialidade forneceram de mais horrível à licenciosidade? *Quare enarras justitias meas?* Rousseau deveria empregar o resto de sua vida para pedir humildemente perdão a Deus e aos homens, e não para falar em tom doutoral do que lhe era tão estranho. Que diríamos de La Fontaine se tivesse empregado um tom severo para pregar o pudor? *Castiga turpia, turpis.* Essa epístola de Rousseau é também uma das mais fracas declamações, no estilo de Marot, que ele compôs desde seu exílio da França.

O que o senhor Racine parece aprovar nessa epístola serve na verdade para condená-la. Será possível que possamos apreciar "rumorosos exércitos de espíritos sutis que, pigmeus engenhosos, elevam-se burlescamente contra o céu sobre montanhas de argumentos empilhados?". Não é isso reunir ao mesmo tempo a afetação do padre Lemoine e o baixo cômico? Não é isso um duplo monstro? Querer prestigiar esse estilo, mil vezes pior que o tão condenado estilo precioso, seria sem dúvida arruinar inteiramente o pouco de bom gosto que resta na França.

O senhor Racine mandou imprimir sua resposta, em versos, a Rousseau; é desejável que o senhor Racine trabalhe essa epístola tanto quanto o seu poema, que a varie mais, que lhe retire esse tom declamatório que é o oposto desse gênero de escrita, que semeie nela mais desses versos fáceis que decoramos e que se tornam provérbios. Peço-lhe ainda um pouco mais de educação. Podemos, devemos refutar Bayle e desejo aos que se propõem isso que sejam bastante dialéticos para consegui-lo; mas, embora devamos combater seus erros, não devemos chamá-lo de *coração cruel, homem medonho*. Injúrias atrozes sempre prejudicaram apenas aqueles que as disseram. Quem se encoleriza desse modo dá a clara impressão de não ter razão. "Empunhas teu trovão em vez de responder, diz Menipo a Júpiter; estás pois errado?" Mas, se Júpiter está errado, quanto não somos censuráveis ao insultar a memória de um filósofo que, afinal, prestou tantos serviços à literatura, e cujas obras constituem o fundamento das bibliotecas em todas as nações da Europa!

Finalizarei rogando ao senhor Racine, no interesse de sua glória, não invectivar tanto contra os autores, seus colegas. Essa indecência já não está em voga; os homens de bem a reprovam. Devemos imitar a maioria dos físicos de todas as academias, que sempre relatam com elogio as opiniões daqueles mesmos a quem combatem. Se Despréaux ressuscitasse, ele mesmo condenaria suas primeiras sátiras.

Estou convicto de que o senhor Racine receberá com caridade o que a caridade me inspirou e que sentirá que só tomamos a liberdade de dar conselhos àqueles que estimamos.

CONSELHOS RAZOÁVEIS
AO SENHOR BERGIER

Pela defesa do cristianismo
Por uma sociedade de bacharéis em teologia

(1768)

I

Nós lhe agradecemos, senhor, haverdes tentado justificar a religião cristã das críticas que o sábio senhor Fréret dirige a ela em seu livro; e esperamos que, numa nova edição, deis a vossa resposta ainda mais força e verdade. Começamos por vos suplicar, pela honra da religião, da França e da casa real, que elimineis as palavras cruéis que vos escaparam (página 102).

"É uma falsidade atribuir unicamente ao fanatismo o assassinato de Henrique IV. Ninguém mais duvida de que a verdadeira causa do parricídio tenha sido o ciúme furioso de uma mulher e a ambição de algumas pessoas da corte."

Será possível, senhor, que para defender o cristianismo acuseis uma ancestral do rei reinante do mais horrível dos parricídios, não digo sem a menor prova, digo sem a menor presunção? Cabe a um defensor da religião cristã ser o eco do abade Lenglet e ousar afirmar até mesmo aquilo de que esse compilador só suspeitou?

Um teólogo não deve abraçar os boatos populares. Quê! senhor, um boato odioso será mais considerado que as peças autênticas do processo de Ravaillac! Quê! enquanto Ravaillac jura por sua danação, aos seus dois confessores, que não tem cúmplices, enquanto o repete sob tortura, enquanto o jura ainda no cadafalso, vós lhe dais como cúmplice uma rainha, a quem a história não censura nenhuma ação violenta!

Será possível que quisésseis insultar a casa real para desculpar o fanatismo? Mas não foi esse mesmo fanatismo que armou o jovem Châtel? Acaso ele não confessou ter assassinado nosso grande, nosso adorável Henrique IV somente para ser menos rigorosamente danado? e essa ideia não lhe tinha sido inspirada pelo fanatismo dos jesuítas? Jacques Clément, que se confessou e comungou para preparar-se santamente para o assassinato de Henrique III; Baltazar Gérard, que se muniu dos mesmos sacramentos antes de assassinar o príncipe de Orange, seriam algo além de fanáticos? Nós vos mostraríamos cem pavorosos exemplos do que pode o entusiasmo religioso, se não fôsseis mais bem instruído que nós.

II

Tende ainda a bondade de não mais fazer a apologia do assassinato de João Hus e de Jerônimo de Praga. Sim, senhor, o concílio de Constança os assassinou com as formalidades jurídicas, apesar do salvo-conduto do imperador. Jamais o direito das gentes foi mais solenemente violado; jamais se cometeu uma ação tão atroz com tantas cerimônias. Alegais como vossas razões: "A principal causa do suplício de João Hus foram os distúrbios que sua doutrina incitara na Boêmia..." Não, senhor, não foi o distúrbio incitado na Boêmia que levou o concílio a esse assassinato. Não se diz uma única palavra sobre esse distúrbio no seu libelo de proscrição, intitulado Decreto. João Hus e Jerônimo de Praga foram juridicamente assassinados somente porque não foram julgados ortodoxos e não quiseram retratar-se. Ainda não havia nenhum verdadeiro distúrbio na Boêmia. Esse assassinato é que foi vingado com vinte anos de distúrbios e guerras civis. E, se houvesse distúrbios, caberia ao imperador, e não ao concílio, julgá-los; a menos que, sendo padre, pretendêsseis que os padres devam ser os únicos magistrados, como se pretendeu em Roma.

E o mais estranho foi ter sido João Hus preso a uma simples ordem do papa, desse mesmo papa João XXIII, responsável pelos crimes mais enormes, ele próprio encarcerado em seguida e deposto pelo concílio. Esse homem, culpado de assassinato, de simonia, de sodomia, só foi deposto; e João Hus e Jerônimo, por terem dito que um mau papa não é papa, que os cristãos devem comungar com vinho e que a Igreja não deve ser demasiadamente rica, foram condenados às chamas.

Não justifiqueis os crimes religiosos, logo canonizaríeis a noite de São Bartolomeu e os massacres da Irlanda; não é nisso que residem as provas da verdade do cristianismo.

III

Dizeis: "Não é verdade que devemos à religião católica os horrores da noite de São Bartolomeu." Ai de nós!, senhor, será à religião dos chineses ou dos brâmanes que a devemos?

IV

Citais a confissão de um de vossos inimigos, que diz que as guerras de religião têm sua causa na corte. Mas não vedes que esse autor exprime-se tão mal quanto pensa? Não sabeis que, sob Francisco I, Henrique II e Francisco II, foram queimados mais de quatrocentos cidadãos, entre outros o conselheiro do parlamento Anne Dubourg, antes que o príncipe de Conde tomasse secretamente o partido dos protestantes? Senti quanto se engana o autor que citais.

Nós vos desafiamos a mostrar uma única seita entre nós que não tenha começado por teólogos e pela populaça, a começar pelas querelas de Atanásio e de Ário até os convulsionários. Quando os espíritos estão inflamados, quando o próprio governo, exercendo rigores imprudentes, acende com sua perseguição o fogo que acredita estar apagando, quando os mártires fazem novos prosélitos; então, algum homem poderoso se põe à frente do partido; então, a ambição grita de todos os lados: Religião! Religião! Deus! Deus! Então se degola em nome de Deus. Essa, senhor, é a história de todas as seitas, exceto a dos primitivos chamados *quacres*.

Ousamos, pois, acreditar que a partir de agora, refutando o senhor Fréret, tomareis mais cuidado para não enfraquecer nossa causa com alegações demasiado indignas de vós.

V

Pensamos que é preciso convir que a religião cristã é a única do mundo na qual se assistiu a uma sequência quase contínua, durante cento e quarenta anos, de discórdias, perseguições, guerras civis e assassinatos por argumentos teológicos. Essa funesta verdade é por demais conhecida; quisera Deus que pudéssemos duvidar dela! Assim, em nossa opinião, é extremamente necessário que tomeis um outro caminho. Vossa ciência e vosso espírito devem se consagrar a desvendar por que motivos uma religião tão divina foi a única a ter esse privilégio infernal.

VI

Nossos adversários pretendem que a causa desses flagelos tão longos e tão sangrentos está nas palavras do Evangelho: "Vim trazer o gládio e não a paz."

"Que aquele que não escutar a Igreja seja como um Gentil, ou como um cavaleiro romano, um coletor do império" (pois publicano significava um cavaleiro romano, coletor das rendas do Estado).

Dizem, em seguida, que Jesus, tendo vindo dar uma lei, jamais escreveu nada; que os *Evangelhos* são obscuros e contraditórios; que cada sociedade cristã explicou-os de modo diferente; que a maioria dos doutores eclesiásticos foram gregos platônicos que encheram nossa religião de novos mistérios sobre os quais não há uma só palavra nos *Evangelhos*; que esses *Evangelhos* não disseram que Jesus era consubstancial a Deus, que Jesus desceu aos infernos, que teve duas naturezas e duas vontades; que Maria foi mãe de Deus; que os laicos não devessem festejar a Páscoa com vinho; que houvesse um chefe da Igreja que fosse soberano de Roma, que se devessem comprar dele dispensas e indulgências; que se devesse adorar os cadáveres de um culto de dulia e cem outras novidades que ensanguentaram a Terra durante tantos séculos. São essas as funestas asserções de nossos inimigos; são esses os prestígios que deveríeis destruir.

VII

Seria muito digno de vós distinguir o que é necessário e divino do que é inútil e invenção humana.

Sabeis que a primeira necessidade é amar a Deus e ao próximo, como todos os povos esclarecidos reconheceram em todos os tempos. A justiça, a caridade vêm antes de tudo. A Brinvilliers, a Voisin, a Tofana, esta célebre envenenadora de Nápoles, acreditavam que Jesus Cristo tinha duas naturezas e uma pessoa e que o Espírito Santo procedia do Pai e do Filho; Ravaillac, o jesuíta Le Tellier e Damiens tinham essa mesma convicção. É preciso pois, ao que nos parece, insistir muito no primeiro, no grande dever de amar a Deus, de temê-lo e de ser justo[1].

VIII

Quanto à fé, como os escritos de São Paulo são os únicos em que o preceito de acreditar está longamente exposto, não poderíeis explicar claramente o que esse grande apóstolo quer dizer com as palavras divinas dirigidas aos judeus de Roma e não aos romanos, pois os judeus não eram romanos:

"A circuncisão é útil se observais a lei judaica; mas, se prevaricais contra essa lei, vossa circuncisão torna-se prepúcio? Se, assim, o prepúcio guarda as justiças da lei, esse prepúcio não é considerado circuncisão? O que é prepúcio por natureza, consumando a lei, te julgará, tu que prevaricas contra a lei pela letra e pela circuncisão (cap. 2, v. 25, 26, 27)? Que Deus não permita! mas nós estabelecemos a fé (cap. 3, v. 31)... Se Abraão foi justificado por suas obras, há algo de que se gabar, mas não diante de Deus" (cap. 4, v. 2).

Existem cem outros trechos parecidos que, expostos claramente por vós, poderiam esclarecer os incrédulos, cujo prodigioso número aumenta tão sensivelmente.

---

[1] "Diliges Dominum Deum tuum, et proximum tuum sicut te ipsum."

IX

Após essas preliminares, passemos agora, senhor, à vossa disputa com o falecido senhor Fréret, sobre a maneira como se deve agir para refutar nossos inimigos.

Desejaríamos que tivésseis dado menos flanco contra vossas apologias, apresentando como autores irrefutáveis Tertuliano e Eusébio. Sabeis que o reverendíssimo padre Malebranche chama Tertuliano de louco, e que Eusébio era um ariano que compilava todos os contos de Hegesipo. Nunca mostremos nossos lados fracos quando temos muitos tão fortes.

X

Aborrece-nos terdes declarado que "os autores dos *Evangelhos* não quiseram inspirar admiração por seu mestre". É evidente que se quer inspirar admiração por aquele sobre o qual se diz que se transfigurou no Tabor, e que suas roupas se tornaram completamente brancas durante a noite; que Elias e Moisés vieram conversar com ele; que confundiu os doutores desde a infância; que fez milagres, que ressuscitou mortos, que ressuscitou a si próprio. Quisestes talvez dizer que o estilo dos *Evangelhos* é muito simples, que nada tem de admirável. Concordamos; mas é preciso também concordar que eles tendem, em sua simplicidade, a tornar admirável Jesus Cristo, como é devido.

Não há, quanto a isso, nenhuma diferença entre o que nos resta dos cinquenta *Evangelhos* rejeitados e dos quatro *Evangelhos* aceitos. Todos falam com essa mesma simplicidade que nossos adversários chamam de rudeza: com exceção do primeiro capítulo de São João, que os álogos e outros acreditaram não ser dele. Esse capítulo é totalmente no estilo platônico e nossos adversários sempre suspeitaram que um grego platônico fosse seu autor.

XI

Pretendeis, senhor, que o falecido senhor Fréret confunde duas coisas muito diferentes, a verdade dos *Evangelhos* e sua autenticidade.

Como não percebestes que é absolutamente necessário que esses escritos sejam autênticos para serem reconhecidos como verdadeiros? Um livro divino que deve conter nossa lei não é como uma obra profana: esta pode ser verdadeira sem ter testemunhos públicos e irrefutáveis que deponham a seu favor. A *História de Philippe de Commines* pode conter algumas verdades sem o selo de aprovação dos contemporâneos; mas as ações de um Deus devem ser constatadas pelo mais autêntico testemunho. Todo homem pode dizer: Deus falou comigo, Deus fez tais e quais prodígios; mas só devemos acreditar depois de ouvirmos pessoalmente a voz de Deus, depois de vermos pessoalmente esses prodígios; e, se não os vimos nem ouvimos, precisamos de pesquisas que façam as vezes de nossos olhos e ouvidos.

Quanto mais o que nos anunciam é sobrenatural e divino, mais precisamos de provas. Não acreditarei nos inúmeros historiadores que disseram que Vespasiano curou um cego e um paralítico, se não me apresentarem provas autênticas e indubitáveis desses dois milagres.

Também não acreditarei nos de Apolônio de Tiane se não estiverem constatados com a assinatura de todos os que os viram. E isso não basta; todas essas testemunhas devem ter sido irrepreensíveis, incapazes de enganar e ser enganadas; e, mesmo depois de todas essas condições essenciais, todas as pessoas sensatas duvidarão da verdade desses fatos; duvidarão porque esses fatos não estão na ordem da natureza.

Cabe pois a vós, senhor, provar-nos que os *Evangelhos* têm toda a autenticidade que exigimos dos milagres de Vespasiano e de Apolônio de Tiane. O nome Evangelho não foi conhecido por nenhum autor romano; esses livros estavam em pouquíssimas mãos entre os cristãos. Era entre eles um mistério sagrado que não era comunicado nem mesmo aos catecúmenos durante os três primeiros séculos. Os *Evangelhos* são verdadeiros, mas vos afirmarão que não eram autênticos. Os milagres do abade Paris tiveram mil vezes mais autenticidade; foram coletados por um magistrado e assinados por um número prodigioso de testemunhas oculares, apresentadas publicamente ao rei por esse mesmo magistrado. Jamais houve nada mais autêntico; e, contudo, jamais nada mais falso, mais ridículo e mais universalmente desprezado.

Vede, senhor, a que nos expondes com vossos raciocínios, que podem ser facilmente usados contra nossas santas verdades.

XII

Jesus, dizeis, "garantiu-nos pessoalmente com a própria boca que nascera de uma virgem pela operação do Espírito Santo". Ora!, senhor, de onde tirastes essa estranha anedota? Nunca Jesus disse isso em nenhum de nossos quatro *Evangelhos*, nada disse nem mesmo de parecido. Será possível que tenhais preparado um triunfo para nossos inimigos? Será permitido citar Jesus de modo mentiroso? Como pudestes atribuir-lhe com vossa *própria* mão o que sua própria boca não pronunciou? Acaso imaginastes que alguém seria tão ignorante a ponto de acreditar-vos em vosso *próprio* erro? E isso não basta para espalhar uma perigosa fraqueza sobre vosso *próprio* livro?

XIII

Nós vos dirigimos, senhor, representações desordenadas, como escreveis; mas todas elas tendem para o mesmo objetivo. Dizeis ser uma temeridade condenável, no senhor Fréret, ter afirmado que o Símbolo dos apóstolos não havia sido feito pelos apóstolos. Nada, contudo, é mais verdade que essa asserção do sábio Fréret. Esse símbolo, que é sem dúvida um resumo da crença dos apóstolos, foi redigido em artigos distintos perto do final do século IV. De fato, se os apóstolos tivessem composto essa fórmula para servir de regra aos fiéis, teriam os *Atos dos apóstolos* silenciado sobre um fato tão importante? Confessemos que o falsário que atribui a Santo Agostinho a história do símbolo dos apóstolos em seu *sermão* quarenta é bem recriminável. Ele faz Santo Agostinho falar assim: Pedro disse: "Creio em Deus pai todo-poderoso"; André disse: "E em Jesus Cristo, seu filho"; Tiago acrescentou: "Que foi concebido do Espírito Santo, etc." No *sermão* cento e quinze toda essa ordem é invertida. Infelizmente, o primeiro autor desse conto é Santo Ambrósio, em seu *sermão* trinta e oito. Tudo o que podemos fazer é declarar que Santo Ambrósio e Santo Agostinho, sendo homens e sujeitos ao erro, enganaram-se fiando-se numa tradição popular.

XIV

O que os primeiros cristãos, infelizmente, não supuseram? O *Testamento dos doze patriarcas*, as *Constituições apostólicas*, versos das sibilas em acrósticos, cartas de Pilatos, cartas de Paulo a Sêneca, cartas de Jesus Cristo a um príncipe de Edessa etc. não o dissimulemos; não é certo que tivessem, no século II, um único livro que não fosse suposto. Tudo o que se respondeu, antes de vós, é que se trata de fraudes piedosas; mas que direis quando vos afirmarem que toda fraude é ímpia e que é crime afirmar a verdade pela mentira?

XV

Que importa que o livro *Dos pastores* seja de Hermas? Seja quem for o autor, acaso o livro será menos ridículo? Basta reler as primeiras linhas para verdes se existe algo de mais completamente louco. "Aquele que me havia nutrido vendeu, um dia, uma das filhas a Roma. Ora, vários anos depois, eu a vi e reconheci; e comecei a amá-la como minha irmã. Algum tempo depois, eu a vi se banhar no Tibre, estendi-lhe a mão, ajudei-a a sair da água; e, tendo-a olhado, dizia em meu coração que eu seria muito feliz se tivesse essa mulher tão bela e tão bem-feita."

Não achais, senhor, que é mesmo essencial para o cristianismo que essas besteiras tenham sido escritas por Hérnias ou por outro qualquer?

XVI

Cessai de querer justificar a fraude dos que inseriram na história de Flávio Josefo aquela famosa passagem referente a Jesus Cristo, passagem reconhecida como falsa por todos os verdadeiros sábios. Mesmo que só houvesse, nessa tão desastrada passagem, apenas estas palavras *Ele era o Cristo*, elas não bastariam para constatar a fraude aos olhos de qualquer homem de bom senso? Não é absurdo que Josefo, tão dedicado à sua nação e à sua religião, tivesse reconhecido Jesus como *cristo*? Pois bem, meu amigo, se acreditas que ele seja o *cristo*, torna-te cristão; se acreditas que ele seja cristo, filho de Deus, e o próprio Deus, como dizes apenas quatro palavras sobre isso?

Tomai cuidado, senhor: quando combatemos, no século em que estamos, em favor das fraudes piedosas dos primeiros séculos, não há um único homem de bom senso que não vos faça perder vossa causa. Confessemos, ainda uma vez, que todas essas fraudes são extremamente criminosas; mas acrescentemos que só prejudicam a verdade pelo embaraço extremo e pela dificuldade que experimentamos todos os dias querendo distinguir o verdadeiro do falso.

XVII

Esqueçai, acreditai-me, a viagem de São Pedro a Roma e seu pontificado de vinte e cinco anos. Se ele tivesse ido a Roma, os *Atos dos apóstolos* diriam alguma coisa; São Paulo não teria dito expressamente: Meu *Evangelho* é a favor do prepúcio e o de Pedro a favor dos circuncisos[2]. Uma viagem a Roma é bem mal provada quando somos forçados a dizer que uma carta escrita da Babilônia foi escrita de Roma. Por que apenas São Pedro, de todos os discípulos de Jesus, teria dissimulado o lugar de onde escrevia? Essa falsa data é mais uma fraude piedosa? Quando datais vossas cartas de Besançon, isso quer dizer que estais em Quimper-Corentin?

Parece bem verossímil que, se estivessem bem persuadidos, nos primeiros séculos, da estada de São Pedro em Roma, a primeira Igreja que aí construíram não teria sido dedicada a São João. Os primeiros que falaram dessa viagem merecem, além disso, tanto crédito? Esses primeiros autores são Marcelo, Abdias e Hegesipo. Francamente, o que contam do desafio feito por Simão, o pretenso mágico, a Simão Pedro, o pretenso viajante, a história de seus cachorros e de sua querela na presença do imperador Nero, não dão uma ideia muito benéfica dos escritos daqueles tempos. Não remexamos mais nessas ruínas, seus escombros nos fariam cair demasiadas vezes.

---

[2] *Epístola aos Gálatas*, cap. 7.

XVIII

Tememos que tenhais raciocinado de maneira perigosa ao vos valer do testemunho do imperador Juliano. Lembrai que não temos toda a obra de Juliano; temos somente fragmentos relatados por São Cirilo, seu adversário, que lhe respondeu apenas após sua morte, coisa nada generosa. Não achais que Cirilo lhe terá feito dizer tudo o que podia ser mais facilmente refutado? E achais que Cirilo o tenha, de fato, combatido com vantagem? Pesai bem as palavras que ele narrou desse imperador; são elas: "Jesus não fez, durante toda sua vida, uma só ação notável, ao menos que consideremos como uma grande maravilha curar mancos e cegos e exorcizar demônios nos povoados de Betsaida e Betânia."

O sentido dessas palavras não é evidente? "Jesus nada fez de grande; pretendeis que curou cegos e mancos e exorcizou demônios; mas todos os nossos semideuses tiveram a reputação de fazer coisas bem maiores: não existe nenhum povo que não tenha seus prodígios, não existe nenhum templo que não ateste curas milagrosas. Não tendes, nisso, nenhuma vantagem sobre nós; ao contrário, nossa religião tem cem vezes mais prodígios que a vossa. Se fizestes de Jesus um Deus, nós fizemos, antes de vós, cem deuses de cem heróis; possuímos mais de dez mil atestações de curas operadas no templo de Esculápio e nos outros templos. Encantávamos serpentes, expulsávamos gênios maus, antes que existísseis. Para provar que vosso Deus é superior aos nossos e é o Deus verdadeiro, seria preciso que se tivesse tornado conhecido por todas as nações: nada lhe era mais fácil; tinha que dizer apenas uma palavra; não devia se ocultar na forma de um carpinteiro de aldeia. O Deus do universo não devia ser um miserável judeu condenado ao suplício dos escravos. Enfim, como ousais, charlatães e fanáticos novos, julgar-vos insolentemente superiores aos antigos charlatães e antigos fanáticos?"

Esse é, claramente, o sentido das palavras de Juliano. Essa é certamente sua opinião, esse é seu argumento em toda sua força; ele nos faz estremecer; só o relatamos com horror; mas ninguém nunca lhe respondeu: não devíeis expor a religião cristã a tão terríveis réplicas.

XIX

Confessais que houve muitas vezes fraude e ilusões nas possessões e nos exorcismos; e, após essa confissão, quereis provar que Jesus mandou o diabo, do corpo de dois possuídos, para o corpo de dois mil porcos que foram se afogar no lago de Genezaré. Assim, um diabo entrou no corpo de dois mil porcos ao mesmo tempo ou, se preferirdes, dois diabos em dois mil corpos, ou Deus mandou dois mil diabos.

Por pouca prudência que tivésseis tido, não teríeis falado desse milagre, não teríeis excitado as zombarias das pessoas de bom senso; teríeis dito, com o grande Orígenes, que são tipos, parábolas; teríeis lembrado que nunca existiram porcos entre os judeus, nem entre os árabes, seus vizinhos. Teríeis pensado que, se, contra toda verossimilhança, algum mercador tivesse levado dois mil porcos para aquelas paragens, Jesus teria cometido uma muito má ação afogando esses dois mil porcos; que uma tal vara é uma riqueza muito considerável. O preço de dois mil porcos sempre foi superior ao de dez mil carneiros. Afogar esses bichos ou envenená-los é a mesma coisa. Que faríeis com um homem que tivesse envenenado dez mil carneiros?

Dez testemunhas oculares, dizeis, contam essa história. Acaso não sabeis o que respondem os incrédulos? Só aceitam como testemunhas oculares cidadãos domiciliados dignos de fé que, interrogados publicamente pelo magistrado sobre um fato extraordinário, declaram unanimemente tê-lo visto e examinado; testemunhas que nunca se contradizem; testemunhas cujas declarações são conservadas nos arquivos públicos, revestidas de todas as formalidades. Sem essas condições, eles não podem acreditar num fato em si mesmo ridículo e impossível nas circunstâncias que os cercam. Rejeitam com indignação e desdém testemunhas cujos livros só foram conhecidos no mundo cem anos após o acontecimento; livros dos quais nenhum autor contemporâneo jamais falou; livros que se contradizem entre si a cada página; livros que atribuem a Jesus duas genealogias completamente diferentes e que são apenas a genealogia de José, que não é seu pai; livros pelos quais, dizem, teríeis o mais profundo desprezo e que não vos dignaríeis refutar, se fossem escritos por homens de uma religião diferente da vossa. Acreditam que pensais como eles no fundo de vosso coração e que tendes a fraqueza de afirmar o que vos é impossível de acreditar. Perdoai-nos por reproduzir para vós seus funestos discursos. Só o fazemos para vos convencer de que era necessário empregar, para sustentar a religião cristã, um método bem diferente daquele utilizado até o momento. Sua ineficácia é evidente, já que a cada novo livro nesse gosto o número de incrédulos aumenta. O livro do abade de Houteville, que procurou apenas exibir espírito e palavras novas, produziu uma multidão de contraditores e tememos que o vosso faça nascer um número ainda maior deles.

XX

Deus nos livre de pensar que sacrificais a verdade por um vil interesse; que estais entre aqueles infelizes mercenários que combatem com argumentos para garantir e para fazer respeitar as imensas fortunas de seus mestres; que se extenuam na triste busca de todas as mixórdias teológicas, a fim de que voluptuosos ignorantes, cobertos de ouro e honras, joguem-lhes algumas migalhas de suas mesas! Estamos muito longe de emprestar-vos tão baixas e odiosas perspectivas; nós vos consideramos um homem iludido pela simplicidade de sua candura.

Alegais, para provar a realidade das possessões, que São Paulino viu um possuído se sustentar de ponta-cabeça na abóbada de uma igreja e caminhar de cabeça para baixo nessa abóbada, como um antípoda, sem que suas roupas pendessem; acrescentais que São Paulino, surpreso com tão extraordinária caminhada, acreditou estar o homem possuído pelo diabo e mandou imediatamente buscar relíquias de São Félix de Nole, que o curaram de pronto. Essa cura consistia aparentemente em fazê-lo cair da abóbada de cabeça para baixo. Será possível, senhor, que num século como o nosso tenhais a ousadia de relatar tais tolices, que teriam sido vaiadas no século XV?

Acrescentais que Sulpício Severo atesta que um homem a quem haviam dado relíquias de São Martinho elevou-se de repente no ar, com os braços estendidos, e assim ficou durante muito tempo. Grande milagre, sem dúvida, bem útil ao gênero humano, bem edificante! Incluis isso, senhor, entre as provas do cristianismo?

Aconselhamo-vos a deixar essas histórias com as de São Paulo, o eremita, para quem um corvo levou todos os dias, durante quarenta anos, a metade de um pão, e que lhe levou um pão inteiro quando Santo Antônio foi jantar com ele; com a história de São Pacômio, que fazia suas visitas montado num crocodilo; com a de um outro São Paulo ermita que, encontrando um dia um rapaz deitado com sua mulher, lhe disse: "Deita-te com minha mulher quanto quiseres, e também com meus filhos"; após o que partiu para o deserto.

XXI

Finalmente, senhor, lamentais que as possessões do diabo, os sortilégios e a magia "não estejam mais na moda" (são expressões vossas); juntamos nossos lamentos aos vossos. Concordamos, de fato, que o Antigo Testamento está fundado em parte na magia, como mostram os milagres dos feiticeiros do faraó, a pitonisa de Endor, os encantamentos de serpentes, etc. Sabemos também que Jesus deu como missão a seus discípulos expulsar diabos; mas, acreditai-me, são coisas sobre as quais é conveniente não falar nunca. Os papas proibiram com muita sensatez a leitura da *Bíblia*: ela é muito perigosa para aqueles que só escutam a própria razão; não para vós, que sois teólogo, e que sabeis imolar a razão à teologia; mas que abalo não provoca num número prodigioso de almas esclarecidas e escrupulosas! Somos testemunhas de que vosso livro lhes imprime mil dúvidas. Se todos os leigos tivessem a felicidade de ser ignorantes, não duvidariam. Ah, senhor! como o senso comum é fatal!

XXII

Poderíeis não ter dito que os apóstolos e seus discípulos não se dirigiram apenas à mais vil populaça, mas que persuadiram também alguns grandes senhores. Primeiro, esse fato é evidentemente falso. Segundo, isso realça um pouco demais a vontade de agradar aos grandes senhores da Igreja de hoje; e sabeis muito bem que, no tempo dos apóstolos, não havia nem bispo com o título de monsenhor e dotado de cem mil escudos de renda, nem abade portador do báculo e da mitra, nem servidor dos servidores de Deus, senhor de Roma e da quinta parte da Itália.

XXIII

Falais sempre de mártires. Eh!, senhor, acaso não sentis quanto essa miserável prova se ergue contra vós? Como somos insensatos e cruéis! que bárbaros fizeram mais mártires que nossos bárbaros ancestrais? Ah! senhor, acaso não viajastes? não vistes em Constança a praça na qual São Jerônimo de Praga disse a um dos carrascos do concílio que queria acender sua fogueira por trás: "Acende pela frente; se eu temesse as chamas, não teria vindo aqui"? Não estivestes em Londres, onde, entre as tantas vítimas que mandou queimar a infame Maria, filha do tirano Henrique VIII, uma mulher, tendo dado à luz ao pé da fogueira, teve também seu filho nela lançado por ordem de um bispo?

Nunca passastes, em Paris, pela Greve, na qual o conselheiro Anne Dubourg, sobrinho do chanceler, entoou cânticos antes de seu suplício? Sabeis que foi exortado a essa heroica constância por uma jovem de qualidade, chamada senhora De Lacaille, que foi queimada alguns dias depois dele? Ela estava a ferros, numa masmorra vizinha à dele, e só recebia luz por uma pequena grade que havia no alto na parede que separava essas duas masmorras. Essa mulher ouvia o conselheiro, que disputava sua vida contra seus juízes nas formas das leis: "Abandonai", gritou ela, "essas indignas formalidades; temeis morrer por vosso Deus?"

Eis o que um indigno historiador tal como o jesuíta Daniel não teme contar e que D'Aubigné e os contemporâneos nos certificam.

Será preciso mostrar aqui a multidão dos que foram executados em Lyon, na praça dos Terreaux, a partir de 1546? Será preciso vos mostrar a senhorita De Cagnon seguindo, numa carroça, cinco outras carroças carregadas de infortunados condenados às chamas por ter a infelicidade de não acreditar que um homem pudesse transformar pão em Deus? Essa jovem, infelizmente persuadida de que a religião reformada era a verdadeira, sempre dera provas de generosidade aos pobres de Lyon; eles rodeavam, chorando, a carroça em que ela era levada, coberta de ferros.

"Ai de nós! gritavam-lhe, não receberemos mais esmolas de vós. – Pois bem, disse ela, recebereis mais uma"; e jogou-lhes suas sapatilhas de veludo, que os carrascos lhe haviam deixado.

Vistes a praça da Polé, em Paris? Foi coberta, sob Francisco I, de corpos reduzidos a cinzas. Sabeis como os faziam morrer? Suspendiam-nos em longas básculas que levantavam e abaixavam alternadamente sobre uma grande fogueira, a fim de fazê-los sentir por mais tempo todos os horrores da morte mais dolorosa. Não lançavam esses corpos no carvão ardente senão quando já estavam quase inteiramente queimados, e seus membros arrancados, sua pele sangrenta e consumida, seus olhos queimados, seu rosto desfigurado não lhes deixavam mais a aparência da figura humana.

O jesuíta Daniel supõe, fiando-se num infame escrito daquela época, que Francisco I disse publicamente que trataria assim o delfim, seu filho, se ele aderisse às opiniões dos reformados; ninguém acreditará que um rei, que não era tido como um Nero, tenha jamais pronunciado tão abomináveis palavras. Mas a verdade é que, enquanto se faziam em Paris esses sacrifícios dignos de selvagens, que superam tudo o que a Inquisição já fez de mais horrível, Francisco I se divertia com seus cortesãos e deitava com sua amante.

Essas não são, senhor, histórias de Santa Potâmides, de Santa Úrsula e das onze mil virgens. É uma história fiel sobre o que a história tem de menos incerto.

O número de mártires reformados, valdenses, albigenses ou evangélicos é incontável. Um de vossos ancestrais, ou ao menos um homem com vosso nome, Pierre Bergier, foi queimado em Lyon, em 1552, com René Poyet, parente do chanceler Poyet. Lançaram na mesma fogueira Jean Chambon, Louis Dimonet, Louis de Marsac, Étienne de Gravot e cinco jovens estudantes. Eu vos faria estremecer, se vos mostrasse a lista dos mártires que os protestantes conservaram.

Pierre Bergier cantava um salmo de Marot ao ir para o suplício. Dizei-nos, de boa-fé, se acaso cantaríeis um salmo latino nesse caso! Dizei-nos se o suplício da polé, da roda ou do fogo é uma prova da religião! É sem dúvida uma prova da barbárie humana; é uma prova de que, de um lado, existem carrascos e, de outro, pessoas convictas.

Os vales do Piemonte, junto ao Pignerol, eram habitados por esses infelizes convictos. Enviam-lhes, em 1655, missionários e assassinos. Lede a relação de Morland, então ministro da Inglaterra na corte de Turim; nela vereis um Jean Brocher, do qual cortaram o membro viril, que colocaram entre os dentes de sua cabeça decepada, espetada numa vara para servir de advertência.

Marthe Baral, cujos filhos foram mortos em seu colo; após o que lhe cortaram os seios, que foram cozidos no cabaré de Macel e que os passantes foram obrigados a comer.

Pierre Simon e sua mulher, ambos com oitenta anos, amarrados e embrulhados juntos e precipitados de rochedo em rochedo.

Anne Charbonier, violada e em seguida empalada pela mesma parte na qual se acabara de gozar, levada para a estrada para servir de cruz, conforme o uso desse país, em que deve haver cruzes em todas as encruzilhadas.

O detalhe desses horrores vos arrepia os cabelos; mas sua quantidade é tão grande que entedia. Faziam morrer assim milhares de pessoas comuns, dizendo-lhes que era preciso ouvir a missa em latim. E era evidente que estando cortados em pedaços não podiam ter a felicidade de ir à missa.

Ah! senhor, se quiserdes tornar a religião cristã amável, nunca faleis de mártires; nós os fizemos cem vezes, mil vezes mais que todos os pagãos. Não queremos repetir aqui o que tanto já se falou dos massacres dos albigenses, dos habitantes do Merindol, da Noite de São Bartolomeu, dos sessenta ou oitenta mil irlandeses protestantes, degolados, mortos a porretadas, enforcados, queimados pelos católicos, desses milhões de hindus mortos como coelhos nos bosques, a mando de alguns monges. Estremecemos, gememos; mas, devemos dizê-lo, falar de mártires para cristãos é falar de forcas e rodas para carrascos e beleguins.

XXIV

Que poderíamos vos dizer ainda, senhor, após esse quadro tão verdadeiro quanto medonho, que nos forçastes a traçar com mãos trêmulas? Sim, para vergonha da natureza ainda existem fanáticos bem bárbaros, homens bem dignos do inferno, para dizer que é preciso fazer perecer nos suplícios todos os que não acreditam na religião cristã, que tão mal defendestes. É assim que ainda pensam os inquisidores; enquanto os reis e seus ministros, que se tornaram mais humanos, embotam na Europa inteira a espada com que esses monstros estão armados. Um bispo, na Espanha, proferiu estas palavras na frente de testemunhas respeitáveis de quem as aprendemos: "O ministro de Estado que assinou a expulsão dos jesuítas merece a morte." Vimos pessoas que sempre têm na boca essas palavras cruéis: *repressão e castigo*, e que dizem alto e bom som que o cristianismo só pode se conservar pelo terror e pelo sangue.

Não quero citar aqui outro bispo do mais baixo nascimento que, seduzido por um fanático, exprimiu-se com um furor de que jamais foram acusados os Diocletiano e os Décio.

A terra inteira levantou-se contra os jesuítas porque eram perseguidores; mas que se encontre algum príncipe mal esclarecido o bastante, bastante mal aconselhado, bastante fraco para entregar sua confiança a um capuchinho, a um franciscano; vereis franciscanos e capuchinhos tão insolentes, tão intrigantes, tão perseguidores, tão inimigos do poder civil quanto os jesuítas o foram. A magistratura deve ocupar-se incansavelmente, em todos os lugares, em reprimir os atentados dos monges. Existe hoje em Paris um franciscano que prega com a mesma impudência e o mesmo furor que o franciscano Feu-Ardent pregava nos tempos da Liga.

Que homem foi mais perseguidor, entre esses mesmos franciscanos, que o pregador Poisson? Exerceu sobre eles um poder tão tirânico que o ministério foi obrigado a depô-lo de seu posto de provincial e exilá-lo. O que não teria feito contra os leigos? Mas esse ardente perseguidor era um homem convicto, um fanático religioso? Não, era o mais ousado debochado que havia em toda a ordem; arruinou o convento de Paris com mulheres da vida. Os processos da mulher Dumoutier, que pediu quatro mil francos após a morte desse monge, ainda existem no arquivo público criminal da Tournelle. Atravessai a muralha do átrio com Ezequiel[3], vereis serpentes, monstros e a abominação na casa de Israel.

XXV

Se haveis desgraçadamente convidado nossos inimigos a se irritarem com tantos escândalos, tantas crueldades, com uma sede tão inestinguível de dinheiro, de honras e de poder, com esta luta eterna da Igreja contra o Estado, com estes processos intermináveis de que os tribunais estão repletos, não os façais rir discutindo histórias que nunca devemos aprofundar. Que importa, infelizmente, à nossa salvação que o demônio Asmodeu tenha torcido o pescoço de sete maridos de Sara e que esteja hoje a ferros entre os turcos, no alto ou no baixo Egito?

Poderíeis ter-vos abstraído de louvar a ação de Judite, que assassinou Holoferno deitando-se com ele. Dizeis, para justificá-la, que "entre os antigos povos, como entre os selvagens, o direito de guerra era feroz e desumano". Perguntai "em que a ação de Judite é diferente da de Múcio Scévola?". Esta é a diferença, senhor: Scévola não se deitou com Porsenna, e Tito Lívio não é posto pelo concílio de Trento na lista dos livros canônicos.

Por que querer examinar o Édito de Assuero, que mandou publicar que em dez meses massacrariam todos os judeus porque um deles não cumprimentara Amã? Se esse rei foi insensato, se não previu que os judeus teriam durante dez meses tempo para fugir, que relação pode ter isso com nossos deveres, com a piedade, com a caridade?

Poderíamos pará-lo a cada página, a cada linha: não há quase nenhuma que não prepare um funesto triunfo aos nossos inimigos.

Finalmente, senhor, estamos persuadidos de que, no século em que vivemos, a prova mais forte que se possa dar da verdade de nossa religião é o exemplo da virtude. A caridade vale mais que as disputas. Uma boa ação é preferível à inteligência do dogma. Não faz oitocentos anos que sabemos que o Espírito Santo procede do Pai e do Filho. Mas todo o mundo sabe há quatro mil anos que devemos

---

[3] Ez, cap. VIII, versículos 7-10.

ser justos e bondosos. Apelamos contra vosso livro, com base em vossos próprios costumes, e conjuramo-vos a não desonrar costumes tão honestos com argumentos tão débeis e tão miseráveis, etc.

Assinado: CHAMBON, DUMOULINS, DESJARDINS E VERZENOT

APÊNDICE 1
CARTA DO SENHOR VOLTAIRE À ACADEMIA FRANCESA

Lida nessa Academia, na solenidade do dia de São Luís, em 25 de agosto de 1776

Nota de Beuchot

Foi o anúncio da tradução francesa das *Obras de Shakespeare* por Letourneur, secretário da Livraria, que originou esta carta, como podemos ver ao lê-la.

Antes de ser lida na sessão pública da Academia Francesa em 25 de agosto de 1776, ela já fora apresentada em uma sessão particular no dia 3 do mesmo mês. Voltaire a enviara a D'Alembert em 26 de julho. Estava sendo impressa em Genebra enquanto a liam publicamente em Paris, e este foi provavelmente um dos primeiros exemplares que Voltaire enviou a Richelieu em 11 de setembro.

Quando foi lida na Academia, esta carta estava dividida em duas partes; e essa divisão foi mantida na edição original, que contém no verso da primeira página uma *Nota* assim concebida:

> *Na leitura pública feita no dia de São Luís, em 1776, na sessão da Academia Francesa, foram cortadas algumas passagens de Shakespeare, cuja indecência, apesar de provar o quanto seu crítico tem razão, não permita que fossem lidas em tão grave assembleia.*

Um exemplar dessa primeira edição, encontrado em 1822 por A.-A. Barbier, continha correções e acréscimos escritos à mão por Voltaire, que pretendia reimprimi-la com o título *Nova edição revista e aumentada, com um esboço da tragédia* Irene. Esse esboço da tragédia *Irene* não estava anexado ao exemplar encontrado por Barbier, que pertence hoje à Academia Francesa. As mudanças que ele continha, que consistiam em seis correções, na inserção de uma nota no texto, no acréscimo de duas notas e de uma passagem bastante longa ao texto, foram inicialmente impressas na *Revue Encyclopédique*, tomo XV, e integradas pela primeira vez às *Obras Completas* de Voltaire na edição de Lequien. É provável que a passagem acrescentada ao texto tenha sido a que foi cortada na leitura pública, por razão de indecência, que já comentamos.

Indiquei em notas todos os acréscimos e correções; mas há uma disposição que não incorporei. Voltaire mudara o título de suas divisões: em vez de *primeira parte* e *segunda parte*, colocou *primeira carta* e *segunda carta*, o que significava transformar em dois documentos o que formava apenas um. Atendo-me à primeira versão, acreditei ter feito a melhor escolha; mas posso ter-me enganado e, nesse caso, não ficarei ofendido se me criticarem. Ao contrário, ficarei grato e apresento desde já meus agradecimentos às pessoas que me quiserem enviar suas observações: sou plenamente reconhecido aos que já as enviaram a respeito de alguns volumes, mas cujos autores não se identificaram.

Pouco depois da publicação da carta de Voltaire, foi publicada em Paris *Observações aos senhores da Academia Francesa, a respeito de uma Carta do senhor Voltaire, lida nesta academia na solenidade do dia de São Luís, no dia 25 de agosto de 1776, pelo cavaleiro Rutlidge*, in-8º de 42 páginas.

Outros adversários se levantaram na Inglaterra. O *Discurso sobre Shakespeare e sobre o senhor Voltaire, por Joseph Baretti, secretário, para a correspondência estrangeira, da Academia Real Britânica*, Londres, 1777, in-8º, com 185 páginas foi escrito em francês.

A senhora Montagu publicou na mesma cidade uma *Apologia de Shakespeare*, que Letourneur traduziu em Paris, 1777, in-8º. Voltaire respondeu a essa senhora na *Carta à Academia Francesa*, ou dedicatória de *Irene*, que se encontra no início dessa tragédia.

Beuchot

Primeira parte

Senhores,

O cardeal de Richelieu, o grande Corneille e Georges Scudéri, que ousava acreditar-se seu rival, submeteram *El Cid*, tirado do teatro espanhol, a vosso julgamento. Hoje recorremos a essa mesma decisão imparcial, a ensejo de algumas tragédias estrangeiras dedicadas ao rei nosso protetor; reclamamos o juízo dele e o vosso.

Uma parte da nação inglesa erigiu recentemente um templo ao famoso dramaturgo e poeta Shakespeare e fundou um jubileu em sua honra. Alguns franceses empenharam-se no mesmo entusiasmo. Transportaram para nosso país uma imagem da divindade de Shakespeare, como alguns outros imitadores erigiram há pouco em Paris um Vauxhall; e como outros se distinguiram chamando contrafilés de *roast-beef*, gabando-se de ter à mesa *roast-beef* de carneiro. Passeavam de fraque de manhã, esquecendo que a palavra fraque vem do francês, como quase todas as palavras da língua inglesa. A corte de Luís XIV havia outrora polido a de Carlos II; hoje, Londres nos tira da barbárie.

Enfim, senhores, anunciam-nos uma tradução de Shakespeare, e nos instruem de que ele foi o *deus criador da arte sublime do teatro, que recebeu de suas mãos existência e perfeição*[1].

O tradutor acrescenta que Shakespeare é *realmente desconhecido na França ou, melhor, desfigurado*. As coisas portanto estão bem mudadas na França em comparação ao que eram há cinquenta anos, quando um homem de letras que tem a honra de ser vosso par foi o primeiro de vós a aprender a língua inglesa, o primeiro a divulgar Shakespeare, a traduzir livremente algumas de suas passagens em versos (como se devem traduzir os poetas), a apresentar Pope, Dryden, Milton; e mesmo o primeiro que ousou explicar os elementos da filosofia do grande Newton, e que ousou reconhecer a sabedoria profunda de Locke, único metafísico razoável que talvez já tenha aparecido na Terra.

---

[1] Página 3 do Programa.

Não apenas ele possui ainda alguns trechos de versos imitados de Milton, como estimulou o senhor Dupré de Saint-Maur a aprender inglês e a traduzir Milton, ao menos em prosa.

Alguns de vós sabem qual foi o preço de todo esse trabalho a que ele se deu para enriquecer nossa literatura com a literatura inglesa; o encarniçamento com que foi perseguido por ter ousado propor aos franceses aumentar suas luzes com as luzes de uma nação que até então só conheciam pelo nome do duque de Marlborough, e cuja religião era em muitos pontos diferente da nossa. Viram essa empreitada como um crime de alta traição e como uma impiedade. O furor foi persistente, e o objeto de tantos ódios não teve finalmente outra reação senão a de rir deles.

Apesar desse encarniçamento contra a literatura e a filosofia inglesas, elas foram insensivelmente ganhando crédito na França. Logo todos os livros impressos em Londres começaram a ser traduzidos. Passou-se de um extremo a outro. Só se apreciava o que vinha desse país, ou que parecia vir. Os livreiros, mercadores de modas, vendiam romances ingleses como se vendem fitas e rendas finas com o nome de *Inglaterra*.

O mesmo homem que havia sido a causa dessa revolução nas mentes foi obrigado, em 1760, por razões bastante conhecidas, a comentar as tragédias do grande Corneille e consultou-vos assiduamente sobre essa obra. Juntou à célebre peça *Cinna* uma tradução do *Júlio César* de Shakespeare, para comparar a maneira como o gênio inglês tratara a conspiração de Bruto e Cassio contra César com a maneira bastante diferente como Corneille tratou a conspiração de Cinna e de Emília contra Augusto.

Jamais uma tradução foi tão fiel. O original inglês é ora em versos, ora em prosa; ora em versos brancos, ora em versos rimados. Algumas vezes o estilo é incrivelmente elevado; é César quem diz que ele se parece com a estrela polar e com o Olimpo. Em outra passagem ele exclama: "O perigo sabe perfeitamente que sou mais perigoso que ele. Nascemos ambos do mesmo ventre no mesmo dia; mas sou o mais velho e o mais terrível." Algumas vezes, o estilo é da maior ingenuidade: é a ralé falando sua língua; é um sapateiro que propõe a um senador *ressolá-lo*[2]. O comentador de Corneille não hesitou em prestar-se a esta grande variedade: não apenas traduziu versos brancos em versos brancos, versos rimados em versos rimados, prosa em prosa, mas verteu figura por figura. Ao afetado opôs o empolado, a tudo o que é ingênuo e baixo no original opôs a ingenuidade e mesmo a baixeza. Era a única maneira de fazer com que se conhecesse Shakespeare. Era uma questão de literatura, não de mercado de tipografia: não havia necessidade de enganar o público.

Se o tradutor censura a França por não ter nenhuma tradução exata de Shakespeare, ele devia, então, traduzir exatamente. Não devia ele próprio mutilar, desde a primeira cena de *Júlio César*, o seu *deus da tragédia*. Copia fielmente seu modelo, admito, introduzindo em cena marceneiros, açougueiros, remendões, sapateiros, com senadores romanos; mas suprime todas as zombarias desse sapateiro que fala aos senadores. Não traduz o encantador equívoco existente entre a palavra que significa *alma* e a palavra que quer dizer *sola* de sapato. Tal reticência não é um sacrilégio para com seu deus?

Qual foi seu desígnio quando na tragédia *Otelo*, tirada do romance de Cíntio e do antigo teatro de Milão, faz com que o vil e repulsivo Iago e seu companheiro Rodrigo nada digam do que Shakespeare lhes faz dizer?

"Pelas chagas de Cristo, senhor! Fostes roubado! Tende brio, vesti vossa roupa! Vosso coração está dilacerado. Perdestes metade de vossa alma! Agora mesmo, neste momento mesmo, um velho bode negro está cobrindo vossa ovelha branca. (...) Pelo sangue de Cristo!

---

[2] Após a publicação dessas cartas à Academia, uma senhora inglesa, não podendo suportar que tantas torpezas fossem reveladas na França, escreveu, como veremos, um livro inteiro para justificar essas infâmias. Acusa o primeiro dos franceses que cultivou a língua inglesa em Paris de não saber essa língua: não ousou, é verdade, afirmar que ele tenha traduzido mal nenhuma dessas inconcebíveis tolices submetidas a julgamento na Academia Francesa; critica-o por não ter dado à palavra *course* o mesmo sentido que ela lhe dá e de ter considerado no sentido próprio o termo *carve*, que ela considera no figurado. Estou persuadido, senhora, de que esse acadêmico percebeu o verdadeiro sentido, ou seja, o sentido bárbaro de um dramaturgo do século XVI, homem sem educação, sem letras, que acentuava ainda mais a barbárie de seu tempo, e que certamente não escrevia como Addison e Pope. Mas que importa? O que se ganharia dizendo que, no tempo de Elizabeth, *course* não significava *course*? Acaso isso provará que farsas monstruosas (como bem foram chamadas) devem ser encenadas em Paris e em Versalhes, em vez de nossas obras-primas imortais, como ousou pretender o senhor Letourneur?

Senhor, sois desses homens que não serviriam a Deus, se o diabo lhes ordenasse. Porque viemos prestar-vos um serviço e pensais que somos rufiões[3], deixareis que vossa filha seja coberta por um cavalo da Barbária? Estais querendo ter netos que relincharão em vosso rosto! Acabareis tendo corcéis como primos e ginetes como parentes.

– Quem és tu, miserável pagão?

– Sou alguém, senhor, que vem dizer que vossa filha e o mouro estão agora formando o animal de duas costas."[4]*

Na tragédia *Macbeth*, depois que o herói finalmente se determinou a assassinar o rei em seu próprio leito, quando ele acaba de descrever todo o horror de seu crime e dos remorsos que tenta dominar, chega um porteiro da casa, que começa a despejar segredos de polichinelo; é retirado por dois camareiros do rei, e um pergunta ao outro quais são as três coisas que a embriaguez provoca. Seu camarada lhe responde que ela faz *ficar com o nariz vermelho, dormir e mijar*[5]. Acrescenta tudo o que o despertar pode produzir em um jovem licencioso, e emprega os termos da arte com as expressões mais cínicas.

Se tais ideias e tais expressões constituem de fato a bela natureza que se deve adorar em Shakespeare, seu tradutor não as deve esquivar a nosso culto. Se não passam de pequenas negligências de um verdadeiro gênio, a fidelidade exige que sejam mostradas, tanto mais não seja para consolar a França, mostrando-lhe que em outros lugares talvez também existam defeitos.

Podereis conhecer, senhores, como Shakespeare desenvolve os ternos e respeitosos sentimentos do rei Henrique V por Catarina, filha do infeliz rei da França Carlos VI. Eis a declaração deste herói, na tragédia que leva seu nome, no quinto ato:

"Se quiseres, pequena Catarina, que eu faça versos para ti ou que dance, estarás me perdendo: pois não tenho nem palavra nem me-

---

[3] Termo lombardo que só então foi adotado na Inglaterra.

[4] Antigo provérbio italiano.

* Trad. bras. F. Carlos de Almeida Cunha Medeiros, Abril Cultural, 1981. (N. da T.)

[5] Pedimos perdão aos leitores honestos, e principalmente às damas, por traduzir fielmente; mas somos obrigados a exibir a infâmia com que os welches quiseram cobrir a França há alguns anos.

dida para versificar, e não tenho forças adequadas para dançar. Contudo, minha força não é desprezível. Se fosse preciso ganhar uma senhora no jogo de pula-sela, sem me gabar, eu poderia logo saltá-la como noiva, etc."

É assim, senhores, que o deus da tragédia faz falar o maior rei da Inglaterra e sua mulher, durante três cenas inteiras. Não repetirei as palavras exatas, que os estivadores costumam pronunciar entre nós e que são impostas à rainha nessa peça. Se o secretário da Livraria Francesa traduzir a tragédia *Henrique V* fielmente, como prometeu, será uma escola de bons modos e delicadeza que abrirá para nossa corte.

Alguns de vós, senhores, sabem que existe uma tragédia de Shakespeare intitulada *Hamlet*, na qual um espírito aparece inicialmente a duas sentinelas e a um oficial, sem nada dizer-lhes; em seguida, ele desaparece ao canto do galo. Um dos observadores diz que os espíritos têm o costume de desaparecer quando o galo canta, em meados do fim de dezembro, em razão do nascimento de nosso Salvador.

Esse espectro é o pai de Hamlet, rei da Dinarmarca quando em vida. Sua viúva, Gertrudes, mãe de Hamlet, casou-se com o irmão do defunto, pouco tempo após a morte do marido. Hamlet, num monólogo, exclama: "Ah! *Fragilidade*, teu nome é mulher! Quê! Não esperar nem um pequeno mês! Quê! antes mesmo que gastasse as sandálias com que acompanhou o féretro de meu pai! Ó Céus! Os animais, que não têm o sentido da razão, teriam feito um luto mais longo!"

Não é preciso observar que saúdam com canhões o regozijo da rainha Gertrudes e de seu novo marido, e um combate de esgrima no quinto ato, apesar da ação se passar no século IX, época em que o canhão não havia sido inventado. Essa pequena inadvertência não é mais notável do que fazer Hamlet jurar por são Patrick e chamar Jesus de nosso Salvador, numa época em que a Dinamarca desconhecia tanto o cristianismo quanto a pólvora para canhões.

O importante é que o espectro conta ao filho, num colóquio bastante longo, que a mulher e o irmão envenenaram-no pela orelha. Hamlet se dispõe a vingar o pai e, para que Gertrudes não desconfie de nada, finge-se de louco durante toda a peça.

Num acesso de sua pretensa loucura, tem uma entrevista com sua mãe Gertrudes. O camareiro-mor do rei esconde-se atrás de uma tapeçaria. O herói grita que ouviu um rato: corre até o rato e mata o camareiro-mor. A filha desse oficial da coroa, que era apaixonada por Hamlet, torna-se realmente louca; joga-se no mar e afoga-se.

Então o teatro, no quinto ato, representa uma igreja e um cemitério, apesar de os dinamarqueses, idólatras no primeiro ato, não terem se tornado cristãos no quinto. Coveiros abrem a cova da pobre moça; perguntam-se se uma moça que se afogou deve ser enterrada em terreno consagrado. Cantam *vaudevilles* dignos de sua profissão e de seus costumes; desenterram, mostram ao público as caveiras. Hamlet e o irmão de sua amante caem numa cova e trocam socos.

Um de vossos pares, senhores, ousou observar que essas brincadeiras, que talvez fossem aceitáveis na época de Shakespeare, não eram de um trágico nobre o bastante no tempo dos lordes Carteret, Chesterfield, Littleton, etc. Enfim, tinham sido cortadas no mais prestigioso teatro de Londres; e o senhor Marmoutel, em uma de suas obras, parabenizou a nação inglesa por isso. "Todos os dias abreviam Shakespeare, diz ele, castigam-no; o célebre Garrick acaba recentemente de cortar em seu teatro a cena dos coveiros e quase todo o quinto ato. A peça e o autor só foram mais aplaudidos."

O tradutor não admite essa verdade; toma o partido dos coveiros. Quer conservá-los como o monumento respeitável de um gênio único. É verdade que há, nesta e em todas as obras de Shakespeare, mil passagens nobres, decentes, sublimes, construídas com toda a arte; mas o tradutor dá preferência aos coveiros: baseia-se em terem conservado essa abominável cena em outro teatro de Londres; parece exigir que imitemos esse belo espetáculo.

O mesmo acontece com a feliz liberdade com que todos os atores passam, num instante, de um barco em pleno mar a quinhentas milhas continente adentro, de uma cabana a um palácio, da Europa à Ásia. O sumo da arte, segundo ele, ou melhor, a beleza da natureza, é representar uma ação ou várias ações, que duram meio século, ao mesmo tempo. Em vão o sábio Despréaux, legislador do bom gosto em toda a Europa, disse na sua *Arte poética* (cap. III):

> *Um fazedor de rimas, sem temor, para além dos Pireneus,*
> *No palco em um único dia abarca anos:*
> *Ali, muitas vezes o herói de um espetáculo grosseiro*
> *É criança no primeiro ato e barbado no último.*

Em vão lhe citaríamos o exemplo dos gregos, que encontraram as três unidades na natureza. Em vão lhe falaríamos dos italianos que, bem antes de Shakespeare, fizeram renascer as belas-artes no início do século XVII e foram fiéis a estas três grandes leis do bom senso: unidade de lugar, unidade de tempo, unidade de ação. Em vão lhe apresentaríamos a *Sofonisba*, do arcebispo Trissino, a *Rosmunda* e o *Orestes*, de Rucellai, a *Dido*, de Dolce, e tantas outras peças compostas na Itália, quase cem anos antes de Shakespeare escrever em Londres, todas obedientes a essas regras judiciosas estabelecidas pelos gregos; em vão lhe mostraríamos que a *Aminta*, de Tasso, e o *Pastor Fido*, de Guarini, não se afastam dessas mesmas regras, e que essa dificuldade superada é um charme que encanta todas as pessoas de gosto.

Em vão nos apoiaríamos no exemplo de todos os pintores, entre os quais é difícil encontrar um único que tenha pintado duas ações diferentes na mesma tela; decide-se hoje, senhores, que as três unidades são uma lei quimérica, porque Shakespeare nunca a observou e porque querem nos aviltar até o ponto de fazer acreditar que esse seja nosso único mérito.

Não se trata de saber se Shakespeare foi o criador do teatro na Inglaterra. Concordaremos sem dificuldade que ele era superior a todos os seus contemporâneos; mas certamente a Itália tinha alguns teatros regulares já no século XV. Muito tempo antes já se começara a representar a *Paixão* na Calábria em algumas igrejas e até hoje ela ainda é encenada; mas, com o tempo, alguns gênios iluminados haviam começado a limpar a ferrugem que cobria esse belo país desde as inundações de tantos bárbaros. Foram encenadas verdadeiras comédias na própria época de Dante; e foi por essa razão que Dante intitulou comédia seu *Inferno*, seu *Purgatório* e seu *Paraíso*. Riccoboni nos ensina que a *Floriana* foi então representada em Florença.

Os espanhóis e os franceses sempre imitaram a Itália: infelizmente começaram a encenar ao ar livre a *Paixão*, os *Mistérios do Antigo e do Novo Testamento*. Essas facécias infames perduram na Espanha até nossos dias. Temos provas mais que suficientes de que eram representadas ao ar livre, entre nós, nos séculos XIV e XV: eis o que relata a *Crônica de Metz*, composta pelo cura de Saint-Eucher: "No ano 1437 foi encenada a Paixão de nosso Senhor na planície de Veximel; e foi Deus um monsenhor chamado Nicole dom Neuf-Chastel, cura de Saint-Victour de Metz, que teria morrido na cruz se não tivesse sido socorrido; e foi preciso que outro padre fosse posto na cruz para representar o personagem da crucificação nesse dia; e, no dia seguinte, o já citado cura de Saint-Victour encenou a ressurreição e fez com muita perfeição seu personagem, e a representação durou até de madrugada; e outro padre, que se chamava mestre Jean de Nicey, que era capelão de Métrange, foi Judas e quase morreu pendurado, pois falhou-lhe o coração, e ele foi despendurado às pressas e posto no chão; e a boca do inferno era muito bem-feita com dois grandes fundos de caldeira de aço; e ela abria e fechava quando os diabos queriam entrar e sair."

Na mesma época as trupes ambulantes representavam as mesmas farsas na Provença; mas as confrarias da Paixão estabeleciam-se em Paris em lugares fechados. Sabemos que essas confrarias compraram o palacete dos duques de Bourgogne e ali encenaram suas piedosas extravagâncias.

Os ingleses copiaram esses divertimentos grosseiros e bárbaros. As trevas da ignorância cobriam a Europa; todos buscavam o prazer, e não se encontrava nenhum prazer honesto. Vemos em uma edição de Shakespeare, na sequência de *Ricardo III*, que eles encenavam milagres em pleno campo, em teatros de grama de cinquenta pés de diâmetro. O diabo ali aparecia tosando as cerdas de seus porcos e daí veio o provérbio inglês: *Muito grito e pouca lã*.

Já na época de Henrique VII, havia um teatro permanente estabelecido em Londres, que ainda existe. Estava muito em voga na juventude de Shakespeare, pois, no seu elogio, louvam-no por ter cuidado dos cavalos dos curiosos na porta; assim, ele não inventou a arte teatral, cultivou-a com enorme sucesso. Cabe a vós, senhores, que conheceis *Polieucto* e *Atália*, verificar se foi ele que a aperfeiçoou.

O tradutor se esforça para imolar a França à Inglaterra em uma obra que dedica ao rei da França e para a qual obteve a subscrição de nossa rainha e de nossas princesas. Nenhum de nossos compatriotas cujas peças foram traduzidas e representadas em todas as nações da Europa, inclusive na própria Inglaterra, é citado em seu prefácio de cento e trinta páginas. O nome do grande Corneille não aparece sequer uma vez.

CARTA DO SENHOR VOLTAIRE À ACADEMIA FRANCESA

Se o tradutor é o secretário da Livraria de Paris, por que só escreve em favor de uma Livraria Estrangeira? Por que quer humilhar sua pátria? Por que diz: "Em Paris, levianos Aristarcos já pesaram em suas estreitas balanças o mérito de Shakespeare; e, apesar de ele jamais ter sido traduzido nem ser conhecido na França, sabem a soma exata tanto de suas belezas quanto de seus defeitos. Os oráculos desses pequenos juízes insolentes das nações e das artes são recebidos sem exame e conseguem, à força de serem repetidos, formar uma opinião."[6] Não merecemos, parece-me, esse desprezo que o senhor tradutor nos prodigaliza. Se ele se obstina a desencorajar assim os talentos nascentes dos jovens que gostariam de trabalhar pelo teatro francês, cabe a vós, senhores, apoiá-los nessa penosa carreira. Cabe sobretudo àqueles que dentre vós estudaram mais aprofundadamente essa arte querer mostrar-lhes o caminho que devem seguir, e as armadilhas que devem evitar.

Qual será, por exemplo, o melhor modelo de exposição em uma tragédia? Seria o de *Bajazet*, de que lembro aqui alguns versos que estão na boca de todos os homens de letras, tenha sido os últimos citados pelo marechal Villars com tanta energia quando foi comandar os exércitos na Itália aos oitenta anos de idade (ato I, cena 1)?

> *Que faisaient cependant nos braves janissaires?*
> *Rendent-ils au sultan des hommages sincères?*
> *Dans le secret des cœurs, Osmin, n'as-tu rien lu?*
> *Amurat jouit-il d'un pouvoir absolu?*

Osmin
> *Amurat est content, si nous le voulons croire,*
> *Et semblait se promettre une heureuse victoire;*
> *Mais en vain par ce calme il croit nous éblouir,*
> *Il affecte un repos dont il ne peut jouir.*
> *C'est en vain que, forçant ses soupçons ordinaires,*
> *Il se rend accessible à tous les janissaires:*
> ....
> *Ils regrettent le temps à leur grand cœur si doux,*
> *Lorsque assurés de vaincre ils combattaient sous vous.*

---

[6] Página 30 do *Discours sur les préfaces*.

Acomat
Quoi! tu crois, cher Osmin, que ma gloire passée
Flatte encor leur valeur, et vit dans leur pensée?
Crois-tu qu'ils me suivraient encore avec plaisir,
Et qu'ils reconnaitraient la voix de leur visir? etc. *

Essa exposição é reconhecida como uma obra-prima do espírito humano. Tudo é simples sem baixeza e grande sem empolamento: nenhuma ostentação, nada de inútil. Acomat apresenta todo o seu caráter em duas palavras, sem querer pintar-se. O leitor mal percebe que os versos são rimados, tanto a dicção é pura e fácil: ele vê num relance a situação do harém e do império; entrevê, sem confusão, os maiores interesses.

Ou preferis a primeira cena de *Romeu e Julieta*, uma das obras-primas de Shakespeare, que nos cai neste momento entre as mãos? A cena se passa em uma rua de Verona, entre Gregório e Sansão, dois criados dos Capuletos.

Sansão
Palavra, Gregório, não carregaremos desaforos.
Gregório
Não, porque então nos tomariam por carregadores.
Sansão
Quero dizer que, quando nos zangarmos, puxaremos a espada.
Gregório
Sim, porém procura, enquanto viveres, puxares teu pescoço para fora do nó da forca.

---

* Que faziam contudo nossos bravos janízaros? / Prestavam ao sultão homenagens sinceras? / No secreto dos corações, Osmin, não leste nada? Amurat acaso goza de um poder absoluto?
Osmin – Amurat está contente, se nele acreditarmos, / E parecia estar se prometendo uma feliz vitória; / Mas em vão tenta com essa calma nos deslumbrar, / Afeta um repouso de que não pode gozar. / É em vão que, afastando seus habituais receios, / Torna-se acessível a todos os janízaros: (...) Eles lamentam o tempo, tão doce aos seus grandes corações, / Em que, certos de vencer, combatiam sob vós.
Acomat – Como! Acreditas, caro Osmin, que minha glória passada / Ainda incite-lhes o valor, e ainda viva em seu pensamento? / Acreditas que ainda me seguiriam com prazer, / E que reconheceriam a voz de seu vizir? (N. da T.)

Sansão
Bato logo, quando bolem comigo.
Gregório
Mas não bolem tão depressa que sejas levado a bater.
Sansão
Um cão da família dos Montecchios bole-me com os nervos.
Gregório
Bulir é mexer-se; ser valente é esperar de pé firme! Logo, se te mexes, é que estás fugindo.
Sansão
Um cão daquela casa me levará a ficar firme! Tirarei do lado da parede qualquer homem ou mulher dos Montecchios.
Gregório
Isso indica que é um escravo fraco, pois só os mais fracos é que vão à parede.
Sansão
É verdade e, por isso, as mulheres, como vasos frágeis, são sempre empurradas contra a parede. Portanto, não deixarei que os criados dos Montecchios fiquem do lado da parede e atirarei as mulheres contra ela.
Gregório
A querela é entre nossos amos e entre nós, seus criados.
Sansão
Dá no mesmo! Mostrar-me-ei um tirano! Depois que me houver batido com os homens, serei cruel com as mulheres. Vou cortar-lhes a cabeça.
Gregório
A cabeça das donzelas?
Sansão
Sim, a cabeça das donzelas ou a virgindade delas. Toma o sentido que quiseres. *

---

* Trad. bras. F. Carlos de Almeida Cunha Medeiros e Oscar Mendes, in *Tragédias de Shakespeare*, São Paulo, Abril Cultural, 1979. Quanto às três últimas réplicas, o tradutor explica em nota: "Trocadilho com *the heads of the maids* (a cabeça das donzelas) e *their maidenheads* (a virgindade)." Voltaire também esclarece esse jogo de palavras em uma nota: "É preciso saber que *head* significa cabeça; e *maid*, donzela. *Maiden-head*, cabeça de donzela, significa virgindade." (N. da T.)

O respeito e a honestidade não me permitem prosseguir. Este é, senhores, o começo de uma tragédia, em que dois amantes morrem da morte mais funesta. Há mais de uma peça de Shakespeare em que encontramos várias cenas desse gosto. Cabe a vós decidir que método devemos seguir, o de Shakespeare, *deus da tragédia*, ou o de Racine.

Pergunto-vos ainda, senhores, e à Academia de Crusca, e a todas as sociedades literárias da Europa, que exposição de tragédia deveremos preferir, a de *Pompeu*, do grande Corneille, apesar de ter sido criticada por ser um pouco empolada, ou a do *Rei Lear*, de Shakespeare, que é tão ingênua.

Lemos em Corneille (*Pompeu*, ato I, cena 1):

> *Le destin se déclare, et nous venons à entendre*
> *Ce qu'il a décidé du beau-père et du gendre;*
> *Quand les dieux étonnés semblaient se partager,*
> *Pharsale a décidé ce qu'ils n'osaient juger.*
> (...)
> *Tel est le titre affreux dont le droit de l'épée,*
> *Justifiant César, a condamné Pompée;*
> *Ce déplorable chef du parti le meilleur,*
> *Que sa fortune lasse abandonne au malheur,*
> *Devient un grand exemple, et laisse à la mémoire*
> *Des changements du sort une éclatante histoire.**

Lemos na exposição do *Rei Lear*:

O conde de Kent
Aquele não é acaso vosso filho, milorde?
O conde de Glocester
Sua educação me foi confiada. Muitas vezes enrubesci ao ter que reconhecê-lo; mas agora estou mais ousado.

---

* O destino se declara, e podemos ouvir / o que ele decidiu sobre o sogro e o genro; / Quando os deuses, pasmos, pareciam se dividir, / Farsale decidiu o que não ousavam julgar. (...)
Este é o terrível título mediante o qual o direito da espada, / Justificando César, condenou Pompeu; / O infeliz chefe do melhor partido, / Que sua fortuna, cansada, abandona à desgraça, / Torna-se um grande exemplo e deixa à memória / Das mudanças do destino uma esplêndida história (*Pompeu*, ato I, cena 1). (N. da T.)

O conde de Kent
Não posso conceber-vos.
O conde de Glocester
Oh! A mãe deste gaiato podia conceber muito bem; logo ficou com o ventre bem redondo[7] e teve uma criança no berço antes de ter um marido na cama.
Vedes nisso alguma falta? ... Apesar de esse gaiato ter vindo impudentemente a este mundo antes que fosse chamado, nem por isso sua mãe era menos bonita, e houve prazer ao fazê-lo. Enfim, esse filho da p... deve ser reconhecido, etc.

Julgai agora, cortes da Europa, acadêmicos de todos os países, homens bem-educados, homens de gosto em todos os Estados.

Faço mais, ouso pedir justiça à rainha da França, a nossas princesas, às filhas de tantos heróis, que sabem como os heróis devem falar.

Um grande juiz da Escócia, que publicou os *Elementos de crítica inglesa*, em três volumes, nos quais encontram-se reflexões judiciosas e finas, teve contudo a infelicidade de comparar a primeira cena do monstro chamado *Hamlet* com a primeira cena da obra-prima que é nossa *Ifigênia*; ele afirma que os seguintes versos de Arcas (ato I, cena 1):

Avez-vous dans les airs entendu quelque bruit?
Les vents nous auraient-ils exaucés cette nuit?
Mais tout dort, et l'armée, et les vents, et Neptune*

não valem a seguinte resposta verdadeira e adequada da sentinela em *Hamlet*: *Não ouvi nem um camundongo* (*Not a mouse stirring*, ato I, cena 1).

É verdade, senhor, um soldado pode responder assim num corpo de guarda; mas não no palco, diante das primeiras pessoas de uma nação, que se exprimem de maneira nobre, e diante das quais é preciso expressar-se da mesma forma.

Se me perguntardes por que este verso,

---

[7] Há no original uma palavra bem mais cínica que ventre.
* Acaso ouvistes algum barulho nos ares? / Teriam os ventos atendido nossas preces esta noite? / Mas tudo dorme, o exército, os ventos, e Netuno. (N. da T.)

Mais tout dort, et l'armée, et les vents, et Neptune,

é de uma beleza admirável, e por que os versos seguintes são ainda mais belos, direi que é porque exprimem com harmonia grandes verdades, que são o fundamento da peça. Direi que não existe nem harmonia nem verdade interessante na expressão grosseira de um soldado: *Não ouvi nem um camundongo*. Que o soldado tenha visto ou não passar um camundongo, esse fato é completamente inútil à tragédia *Hamlet*; não passa de um gracejo, de um provérbio baixo, que não produz nenhum efeito. Há sempre uma razão pela qual toda beleza é beleza, e toda tolice, tolice.

As mesmas reflexões que faço diante de vós, senhores, foram feitas na Inglaterra por muitos homens de letras. O próprio Rymer, o sábio Rymer, em um livro dedicado ao famoso conde Dorset, em 1693, sobre a excelência e a corrupção da tragédia, leva a severidade da crítica ao ponto de dizer "que não existe um só macaco na África, um único babuíno que não tenha mais gosto que Shakespeare". Permiti, senhores, que eu ocupe o meio-termo entre Rymer e o tradutor de Shakespeare, e não considere Shakespeare nem como um deus, nem como um macaco, mas que vos considere como meus juízes[8].

Segunda parte

Senhores,

Expus fielmente a vosso tribunal a natureza da querela entre a França e a Inglaterra. Ninguém certamente respeita mais que eu os grandes homens que essa ilha produziu, e já dei muitas provas disso. A verdade, que não pode ser oculta de vós, ordena-me confessar que esse Shakespeare, tão selvagem, tão baixo, tão desvairado e tão absurdo, tinha lampejos de gênio. Sim, senhores, nesse caos obscuro, composto de assassinatos e gracejos, de heroísmo e torpezas, de discursos do populacho nos mercados e de grandes interesses, exis-

---

[8] Escreveram em um jornal que havia muitos gracejos nesta carta: mas ela só contém os gracejos do próprio Shakespeare, que este acadêmico é obrigado a relatar. Não somos grosseiros na França a ponto de gracejar com as primeiras pessoas do Estado que compõem a Academia.

tem iluminações naturais e impressionantes. Era mais ou menos assim que a tragédia era tratada na Espanha sob Felipe II, na época em que Shakespeare era vivo. Nenhum de vós ignora que, então, o espírito da Espanha dominava na Europa, e mesmo na Itália. Lope de Vega é um grande exemplo.

Ele era precisamente o que Shakespeare foi na Inglaterra, um misto de grandeza e extravagância, ora um digno modelo de Corneille, ora digno de hospícios e abandonando-se à mais brutal loucura, tendo plena consciência disso e confessando-o publicamente em versos que nos legou e que talvez tenham chegado até vós. Seus contemporâneos, e mais ainda seus predecessores, fizeram da cena espanhola um monstro que agradava ao populacho. Esse monstro foi levado aos teatros de Milão e de Nápoles. Era impossível que esse contágio não infectasse a Inglaterra; ele corrompeu o gênio de todos os que trabalharam para o teatro muito tempo antes de Shakespeare. Lorde Buckurst, um dos ancestrais de lorde Dorset, compusera a tragédia *Gorboduc*. Era um bom rei, marido de uma boa rainha; já no primeiro ato, queriam dividir o reino entre seus dois filhos, que se indispunham por causa dessa divisão; o mais jovem dá uma bofetada no mais velho no segundo ato; o mais velho, no terceiro ato, mata o mais jovem; a mãe, no quarto, mata o mais velho; o rei, no quinto, mata a rainha Gorboduc; e o povo, sublevado, mata o rei Gorboduc: de modo que, no fim, não restava mais ninguém.

Essas tentativas selvagens não vingaram na França; esse reino não era, então, nem mesmo feliz o suficiente para ser capaz de imitar os vícios e as loucuras das outras nações. Quarenta anos de guerras civis baniam as artes e os prazeres. O fanatismo grassava na França inteira, com o punhal em uma mão e o crucifixo na outra. Os campos estavam abandonados, as cidades em cinzas. A corte de Filipe II era conhecida unicamente pelo cuidado que dedicava em atiçar o fogo que nos devorava. O momento não era propício para teatros. Foi preciso esperar os dias do cardeal de Richelieu para formar um Corneille, e os de Luís XIV para nos honrar com um Racine.

A situação era bem diferente em Londres, quando Shakespeare estabeleceu seu teatro. Era a época mais florescente da Inglaterra, mas não, ainda, do gosto. Os homens estão reduzidos, em todos os gêneros, a começar por um Théspis antes de chegar a um Sófocles. Contudo, tal era o gênio de Shakespeare que esse Théspis mostrou-se por vezes um Sófocles. Em sua charrete podiam-se entrever, entre a canalha de seus bêbados lambuzados de vinho, heróis cujas frontes tinham traços de majestade.

Devo dizer que, entre essas peças bizarras, existem várias em que encontramos belos traços extraídos da natureza e que alcançam o sublime da arte, embora nele não haja nenhuma arte.

Assim, na Espanha, Diamante e Guillem de Castro semearam, nas suas duas tragédias monstruosas do *Cid*, belezas dignas de serem exatamente traduzidas por Pierre Corneille. Dessa maneira, apesar de Calderón ter demonstrado em seu *Heráclio* a mais grosseira ignorância, e um tecido das mais absurdas loucuras, mereceu contudo que Corneille ainda se dignasse a dele emprestar a situação mais interessante de seu *Heráclio* francês, principalmente estes versos admiráveis, que tanto contribuíram para o sucesso da peça (ato IV, cena IV):

> *O malheureux Phocas! O trop heureux Maurice!*
> *Tu recouvres deux fils pour mourir après toi;*
> *Et je n'en puis trouver pour régner après moi.* *

Como vedes, senhores, em países e épocas em que as belas-artes foram menos prestigiadas, houve contudo gênios que brilharam no meio das trevas de seu século. Ao século em que viveram pertencia toda a lama que os cobria; e o brilho que lançaram sobre essa lama era mérito exclusivo deles. Após sua morte, foram considerados deuses por seus contemporâneos, que nunca haviam visto nada semelhante. Os que seguiram o mesmo caminho mal foram olhados. Mas, enfim, quando o gosto dos primeiros homens de uma nação se aperfeiçoa, quando a arte passa a ser mais conhecida, o discernimento do povo se forma insensivelmente. Não se admira mais na Espanha o que antigamente se admirava. Não se vê mais, no teatro, um soldado oficiar a missa e lutar ao mesmo tempo em uma bata-

---

* Ó infeliz Focas! Ó mais que feliz Maurício! / Tens dois filhos para morrer depois de ti; / E não encontro nenhum para reinar depois de mim. (N. da T.)

lha; não se vê mais Jesus Cristo lutar aos socos com o diabo e dançar com ele uma sarabanda.

Na França, Corneille começou seguindo os passos de Rotrou; Boileau começou imitando Régnier; Racine, ainda jovem, tomou por modelo os defeitos de Corneille; mas pouco a pouco as verdadeiras belezas são captadas; e, sobretudo, acaba-se escrevendo com discernimento e pureza: *Sapere est principium et fons*, e a verdadeira glória, entre nós, recai naquilo que é bem pensado e bem expresso.

Quando nações vizinhas têm mais ou menos os mesmos costumes, os mesmos princípios, e cultivaram por algum tempo as mesmas artes, supõe-se que deveriam ter o mesmo gosto. Assim, *Andrômaca* e *Fedra*, de Racine, traduzidas de modo feliz para o inglês por bons autores, obtiveram bastante sucesso em Londres. Já as vi sendo encenadas e eram aplaudidas como em Paris. Algumas de nossas tragédias modernas ainda são muito bem acolhidas nessa nação judiciosa e esclarecida. Felizmente, não é assim verdade que Shakespeare tenha conseguido excluir todo gosto que não fosse o seu e que seja um deus tão ciumento quanto pretende o seu pontífice, que quer que o adoremos.

Todas as nossas pessoas de letras perguntam como é possível que, na Inglaterra, os primeiros do Estado, os membros da Sociedade real, tantos homens tão instruídos, tão esclarecidos, suportem tantas irregularidades e bizarrias, tão contrárias ao gosto que a Itália e a França introduziram nas nações civilizadas, enquanto os espanhóis finalmente renunciaram a seus *autos sacramentais*. Estarei enganado quando observo que, em todos os lugares, e principalmente nos países livres, o povo governa os espíritos superiores? Em toda parte os espetáculos repletos de acontecimentos inverossímeis agradam ao povo: ele gosta de ver mudanças de cenários, coroamentos de reis, procissões, combates, assassinatos, feiticeiros, cerimônias, casamentos, enterros; acorre em massa a esses espetáculos, a eles arrasta durante muito tempo a sociedade culta, que perdoa seus enormes defeitos contanto que sejam ornados de algumas belezas, e mesmo quando não têm nenhuma. Lembremos que a cena romana foi imersa na mesma barbárie na época de Augusto. Horácio queixa-se disso a esse imperador na sua bela epístola *Quum tot sus-*

tineas; e é por essa razão que Quintiliano depois declarou que os romanos não tinham tragédia, *in tragedia maxime claudicamus.*

Os ingleses não as têm mais que os romanos. Suas vantagens, porém, são grandes.

É verdade que a Inglaterra tem a Europa contra ela nesse único ponto; prova disso é nunca terem representado, em nenhum teatro estrangeiro, nenhuma das peças de Shakespeare. Lede essas peças, senhores, e a razão pela qual não podem ser representadas em outros lugares logo se revelará a vosso discernimento. Essa espécie de tragédia é como nossa música há não muito tempo: só a nós agradava.

Admito que não se deve condenar um artista por ter captado o gosto de sua nação; mas pode-se lamentá-lo por ter agradado exclusivamente a ela. Apeles e Fídias obrigaram todos os diferentes Estados da Grécia e todo o império romano a admirá-los. Vemos hoje os transilvânios, os húngaros, os curlandeses juntarem-se aos espanhóis, aos franceses, aos alemães, aos italianos, porque todos eles sentem igualmente as belezas de Virgílio e de Horácio, apesar de cada um desses povos pronunciar de modo diferente a língua de Horácio e de Virgílio. Não encontrareis ninguém na Europa que pense que os grandes autores do século de Augusto estejam *abaixo dos macacos e dos babuínos*. É verdade que Pantolabus e Crispinus escreveram contra Horácio quando este era vivo, e Virgílio amargou as críticas de Bavius; mas, depois de sua morte, esses grandes homens reuniram as vozes de todas as nações. Qual a razão desse concerto eterno? Existe, pois, um bom e um mau gosto.

Desejamos, com justiça, que aqueles dentre os senhores acadêmicos que tenham feito um estudo sério sobre o teatro queiram por gentileza nos instruir sobre as questões que propusemos. Que julguem se a nação que produziu *Ifigênia* e *Atália* deve abandoná-las para ver no teatro homens e mulheres sendo estrangulados, ladrões, feiticeiros, histriões e padres bêbados; se nossa corte, durante tanto tempo renomada por sua polidez e bom gosto, deve ser transformada em uma taverna de cerveja e de vinho ruim; e se o palácio de uma virtuosa soberana deve tornar-se um lugar de prostituição.

Não há nenhuma tragédia de Shakespeare em que não existam tais cenas: vi colocarem cerveja e aguardente na mesa na tragédia de

Hamlet; e vi os atores beberem. César, indo ao Capitólio, propõe aos senadores *tomarem uma com ele*. Na tragédia de Cleópatra, vemos aproximar-se do Miseno a galera do jovem Pompeu; vemos Augusto, Antônio, Lépido, Pompeu, Agripa, Mecenas beberem juntos. Lépido, que está embriagado, pergunta a Antônio, também embriagado, como é feito um crocodilo: "Ele é feito como ele mesmo, responde Antônio; é tão largo quanto tem de largura, tão alto quanto tem de altura; mexe-se com seus órgãos; vive com aquilo de que se nutre etc." Todos os convivas estão excitados pelo vinho; cantam em coro uma canção de beber, e Augusto diz, balbuciando, que *preferia jejuar quatro dias que beber demais em um único*.

Temo, senhores, estar abusando de vossa paciência; acabarei com este comentário: há uma tragédia desse grande Shakespeare, intitulada *Troilo* ou *A guerra de Troia*. Troilo, filho de Príamo, começa a peça confessando a Pândaro que não pode ir à guerra, por estar loucamente apaixonado por Cressida. "Que todos aqueles que não estão apaixonados, diz ele, lutem tanto quanto quiserem; quanto a mim, estou mais frágil que uma lágrima de mulher, mais terno que um carneiro, mais pueril e tolo que a própria ignorância, menos valente que uma donzela durante a noite, e mais simples que uma criança que nada sabe fazer... Seus olhos, seus cabelos, suas faces, sua maneira de caminhar, sua voz, sua mão; Ah! sua mão! Comparadas à dela, todas as mãos brancas são nanquim; quando a tocamos, a penugem de um cisne parece rude, e as outras mãos parecem mãos de lavradores."

Essa é a exposição de *A guerra de Troia*. A luta, porém, continua. Tersile vê Páris desafiando Menelau. "Vejam, diz ele, o corno e o corneador que vão se pegar; vamos, touro, vamos, buldogue; vamos, meu pequeno pardal, pequeno Páris! Deus do céu! O touro está por cima: oh! que chifres! que chifres!"

Tersite é interrompido em suas exclamações por um bastardo de Príamo que lhe diz:

> *Vira-te, escravo.*
> **Tersite**
> *Quem és tu?*
> **O bastardo de Príamo**
> *Um bastardo de Príamo.*

Tersite
Também sou bastardo; gosto dos bastardos; engendraram-me como bastardo, criaram-me como bastardo. Sou bastardo de espírito, de valor, ilegítimo de todos os pontos de vista. Um urso não morde outro urso; e por que um bastardo morderia um outro? Cuidado; a disputa poderia ser perigosa para nós dois. Quando um filho da p... encontra outro filho da p... e luta por uma p..., os dois arriscam muito. Adeus, bastardo.
O bastardo
Que o diabo te carregue, poltrão!

E os dois bastardos partem em boa amizade. Heitor entra no lugar deles, desarmado. Aquiles chega pouco depois com seus mirmidões; ele lhes ordena cercar Heitor. "Vamos, diz ele, companheiros, golpeai-o; eis o homem que procuro. Ílion vai cair, Troia despencará, pois Troia perderá o coração, os nervos e os ossos. Vamos, mirmidões, gritem a todos os pulmões: Aquiles matou o grande Heitor!"

Todo o resto da peça é inteiramente nesse gosto; é puro Sófocles. Imaginai, senhores, Luís XIV na sua galeria de Versalhes, rodeado por sua corte brilhante: um bufão coberto de farrapos penetra na multidão dos heróis, dos grandes homens e das beldades que compõem a corte: propõe que abandonem Corneille, Racine e Molière por um saltimbanco que tem tiradas felizes, e que faz contorsionismo. Como pensais que essa oferta seria recebida?

Sou com profundo respeito, senhores, vosso mui humilde e mui obediente criado,

Voltaire

APÊNDICE 2

OBSERVAÇÕES SOBRE DUAS EPÍSTOLAS DE HELVETIUS*

Primeira Epístola
Sobre o orgulho e a preguiça de espírito

A primeira lição dava a esta epístola um título muito desenvolvido. Helvetius anunciava que se propunha provar que "tudo é relação; que os filósofos se perderam na vaga das ideias absolutas; que teriam feito melhor em trabalhar pelo bem da sociedade; que Locke nos abriu o caminho da verdade, que é o mesmo da felicidade".

Eis a nota que Voltaire dirige a esse respeito a seu jovem aluno:

"Este título é um pouco longo e não parece extremamente claro. A expressão *ideias absolutas* não dá uma ideia nítida o bastante. Aliás, em geral, a coisa não é verdadeira. Existe um tempo *absoluto*, um espaço *absoluto*, etc. Locke considerou-os enquanto tais, e és aqui partidário de Locke. Locke não é reputado um filósofo moral, que teria abandonado o estudo das coisas abstratas para examinar somente a virtude. O caminho da verdade nem sempre é o mesmo da felicidade. Pode-se ser muito infeliz e saber calcular curvas; pode-se ser muito feliz e ignorante."

Helvetius, seguindo esse judicioso conselho, tornou seu título mais simples. Escreveu inicialmente que "é pelos efeitos que deve-

---

* Essas observações foram publicadas pela primeira vez no ano VIII (1800) por François de Neufchâteau, no segundo tomo de seu *Conservateur*. Os preâmbulos e as explicações são de François de Neufchâteau. Essas *Observações* são posteriores a 31 de maio de 1740, já que se fala sobre o rei da Prússia, Frederico II. (Nota da ed. fr.)

mos remontar às causas, em física, metafísica e moral". Mas percebeu que também isso era ainda muito longo e, finalmente, deu à epístola este título claro e simples: *Sobre o orgulho e a preguiça de espírito.*

Lição I

Os seis primeiros versos parecem um pouco enrolados para Voltaire, que diz a esse respeito: "Coloca os seis primeiros versos em prosa, e pergunta a alguém se compreende essa prosa: a poesia exige ao menos igual clareza."

....	....
....	....
Da reta razão as relações são os guias[1].	*De la droite raison les rapports sont guides.*
Elas sondaram os mares[2], traspassaram os céus.	*Ils ont sondé les mers, ils ont percé les cieux.*
Os mais vastos espíritos, sem seu feliz socorro,	*Les plus vastes esprits, sans leur secours heureux,*
São, entre os recifes, navios sem bússolas.	*Sont, entre les écueils, des vaisseaux sans boussoles.*
Daí os dogmas vãos e sabiamente frívolos,	*De là ces dogmes vains si savamment frivoles,*
Desses célebres, loucos e engenhosos romanos[3].	*De ces célèbres fous ingénieux romans.*
Meu olho, exclamava um, penetra para além dos tempos[4].	*Mon oeil, s'écriait l'un, perce au delà des temps.*

---

[1] Acaso dirias, em um discurso: As relações são os guias da razão? Dirias: É apenas por comparação que o espírito pode julgar; é examinando as relações entre as coisas que conseguimos conhecê-las. Mas as relações em geral, e as relações que são guias, deixam o sentido confuso. O que examinamos pode acaso ser um guia?

[2] Relações que sondaram mares!

[3] Isso me parece bem escrito.

[4] Como?! De repente passar da exposição que é preciso examinar as relações, aos sistemas sobre a formação do universo! Seriam necessárias vinte mediações para chegar a isso: é um salto medonho! O princípio de continuidade foi totalmente violado.
Não seria perfeitamente natural começar tua obra dizendo em belos versos que existem coisas que não estão ao alcance do homem? Essa estratégia te levaria diretamente aos diferentes sistemas sobre a criação, sem falar das *relações*, que não têm nenhuma relação com essas belas divagações dos filósofos.

OBSERVAÇÕES SOBRE DUAS EPÍSTOLAS DE HELVETIUS

Escutai-me; vou, sabiamente temerário,	*Écoutez-moi; je vais, sagement téméraire,*
Da criação desvendar o mistério.	*De la création dévoiler le mystère.*

Helvetius dizia em seguida, falando do sistema inventado pelos magos:

Um Deus, como outrora imensa aranha,	*Un Dieu, tel autrefois qu'une araignée immense,*
Dobou o universo com sua própria substância,	*Dévida l'univers de sa propre substance,*
Acendeu os sóis, fiou o ar e os céus,	*Alluma les soleils, fila l'air et les cieux,*
Tomou seu lugar no meio desses globos de fogo[5], etc.	*Prit sa place au milieu de ces orbes de feux, etc.*
....	....
Os magos, diz Burnet, são visionários	*Les mages, dit Burnet, sont des visionnaires*
Cujas quimeras são adotadas pelo fraco persa[6].	*Dont le faible Persan adopte les chimères.*
....	....
Assim sob grandes palavras a soberba sabedoria	*Ainsi sous de grands mots la superbe sagesse,*
A seu próprio olhar esquivando sua fraqueza,	*A ses propres regards dérobant sa faiblesse,*
Apoiando seu orgulho em dogmas impostores,	*Étayant son orgueil de dogmes imposteurs,*
Bateu-se tanto tempo para escolher erros[7].	*Disputa si longtemps pour le choix des erreurs.*

---

[5] Os indianos inventaram a comparação da aranha; porém, além de uma aranha imensa compor, em versos, um quadro bem pouco gracioso, como uma aranha que doba poderia acender um sol? Quando nos sujeitamos a uma metáfora, devemos segui-la. Jamais aranha alguma acendeu nada: ela fia e tece; ela nem mesmo doba.

[6] Pensamos que, dos magos, passarias aos egípcios, aos gregos, etc. Pulas para Burnet: o salto é perigoso.

O resto do sistema ridículo de Burnet me parece bem expresso.

[7] Muito bonito, e a imitação de Corneille nesta passagem é um magistral.

Assim o orgulho se perde em pensamentos vagos:	*Ainsi l'orgueil s'égare en de vagues pensées:*
Assim nosso universo, por suas mãos insensatas	*Ainsi notre univers, par ses mains insensées*
Tantas vezes destruído, tantas reedificado,	*Tant de fois tour à tour détruit, rédifié,*
Não passa de um templo ao erro dedicado[8].	*N'est encore qu'un temple à l'erreur dédié.*
Feliz o homem se ainda, menos sensível à impostura,	*Heureux si l'homme encor, moins souple à l'imposture,*
Senhor de se perder no campo da natureza,	*Maître de s'égarer au champ de la nature,*
De para além de seus confins não tivesse extraído[9] seus erros!	*Par delà ses confins n'eût puisé ses erreurs!*
....	....
Outro pinta de Deus os atributos, a essência,	*Un autre peint de Dieu les attributs, l'essence,*
Tudo remete ao destino, diz seu poder, seu nome,	*Remet tout au destin, dit son pouvoir, son nom,*
Acredita formular uma ideia, e forma apenas um som[10].	*Croit donner une idée, et ne forme qu'un son.*
....	....
Sem as relações, enfim, a razão que se perde	*Sans les rapports, enfin, la raison qui s'égare*
Toma muitas vezes por ideia um som vão e estranho[11];	*Prend souvent pour idée un son vain et bizarre;*
E foi sempre e unicamente na escuridão	*Et ce ne fut jamais que dans l'obscurité*
Que o Erro exclamou: Sou a Verdade.	*Que l'Erreur s'écria: Je suis la Vérité.*

---

[8] Parece-me excelente.

[9] Este *extraído* não me parece apropriado; eu preferiria *buscado*. O que precede é bonito.

[10] Este último verso é muito bonito; mas veja se cabe de fato a todos os sonhadores em questão. Para que uma ideia seja perfeitamente bela, é preciso que esteja tão em seu próprio lugar que não possa estar em nenhum outro.

[11] O som vão e estranho não tem nenhuma analogia com a obscuridade, e isso produz metáforas incoerentes. É o defeito da maioria dos poetas ingleses. Os romanos nunca caíram nele. Jamais Boileau e Racine permitiram-se esse amontoado de ideias *incompatíveis*.

....
Por que então a infelicidade
É dos humanos a única
legisladora[12]?
Por que criar o nome de virtudes
absolutas[13]?
....

Locke[14] estudou o homem. Pega-o
no berço,
Observa-o em seus progressos,
acompanha-o até o túmulo,
Procura o agente pelo qual nossas
almas são guiadas;
Se os sentidos não são os germes das
ideias.
Jamais a mentira, apoiando-se em
um grande nome,
Pôde-se impor aos olhos da
razão.
....

Malebranche[15], cheio de espírito e
sutileza,
Sempre resplandecente de brilhantes
quimeras,
Acredita em vão escapar a seus
olhares severos.
Em seus meandros obscuros, Locke
alcança-o, segue-o;
Argumenta, combate; o sistema é
destruído.
....

..
Pourquoi donc le malheur
Est-il chez les humains le seul
législateur?
Pourquoi créer le nom de vertus
absolues?
..

Locke étudia l'homme. Il le prend au
berceau,
L'observe en ses progrès, le suit
jusqu'au tombeau,
Cherche par quel agent nos âmes sont
guidées;
Si les sens ne sont point les germes des
idées.
Le mensonge jamais, sous l'appui
d'un grand nom,
Ne put en imposer aux yeux de sa
raison.
..

Malbranche, plein d'esprit et de
subtilité,
Partout étincelant de brillantes
chimères,
Croit en vain échapper à ses regards
sévères.
Dans ses détours obscurs, Locke le
joint, le suit;
Il raisonne, il combat; le système est
détruit.
..

---

[12] Não é a infelicidade que é a legisladora dos humanos, é o amor-próprio. É verdade que dizem que a infelicidade instrui; mas nesse caso ela é preceptora, e não legisladora.

[13] Virtudes absolutas é absolutamente incompreensível. Toda essa passagem carece ainda de unidade e clareza; e, sem essas duas qualidades necessárias, nunca existe beleza.

[14] A passagem sobre Locke é perfeita: as ideias estão coesas, as palavras são apropriadas e o todo ficaria bonito em prosa.

[15] A passagem sobre Malebranche: bem escrita, porque escrita com discernimento.

Locke viu os efeitos do orgulho
impotente,
Tornou o homem menos
vão, e o homem fez-se assim
maior[16].

....

Do caminho dos erros, Locke nos
arrancou,
A senda do verdadeiro em nossa
frente trilhou[17].
Com um braço aplacou o orgulho
do platonismo,
Com o outro, reduziu o campo do
pirronismo[18].

*Locke vit les effets de l'orgueil
impuissant,
Rendit l'homme moins vain,
et l'homme en fut plus
grand.*

....

*Du chemin des erreurs Locke nous
arracha,
Dans le sentier du vrai devant nous il
marcha.
D'un bras il apaisa l'orgueil du
platonisme,
De l'autre il rétrécit le champ du
pyrrhonisme.*

Lição II

Helvetius corrigiu sua epístola; ele começou assim:

Que funesto poder, que invisível
cadeia,
Longe da verdade mantém o
homem e o encadeia?
Seria ele escravo nato das mentiras
diversas?
Não, sem dúvida, e ele mesmo pode
quebrar os próprios ferros;
Pode, surdo ao erro, escutar a
sabedoria,

*Quel funeste pouvoir, quelle invisible
chaîne,
Loin de la vérité retient l'homme et
l'enchaîne?
Est-il esclave-né des mensonges divers?

Non, sans doute, et lui-même il peut
briser ses fers;
Il peut, sourd à l'erreur, écouter la
sagesse,*

---

[16] Não admira que o homem menos vão seja maior; isso não traduz a bela divisa de Locke: *Scientiam minuit ut certiorem faceret:* "Ele diminuiu a ciência para aumentar a certeza."

[17] Este verso é bonito.

[18] Eis dois versos admiráveis que saberei de cor por toda minha vida. Peço-te mesmo permissão para citá-los em uma nova edição dos *Elementos de Newton*, à qual acrescentarei um pequeno tratado a respeito do que Newton pensava no campo da metafísica. Esses dois versos valem mais que uma epístola de Boileau.

Se conhecer seus tiranos, o orgulho e a preguiça[19].
....
Zoroastro pretende[20] desvelar os segredos
No seio da natureza eternamente entranhados.
Foi o primeiro no Egito a atestar os magos
Porque Deus lhe revelava a ciência dos sábios.
....
Amante do maravilhoso, fraco, ignorante, crédulo,
O mago acreditou durante muito tempo nesse conto ridículo;
E Zoroastro, assim, pelo orgulho inspirado,
Perdeu todo um povo após ter-se perdido[21].
Não pretendo de modo algum traçar para a razão humana
A série de erros em que seu orgulho a arrasta;
Mas mostrar-lhe que em séculos de sábios,
Burnet substituiu essa fábula por seus romances.
....

S'il connaît ses tyrans, l'orgueil et la paresse.
....
Zoroastre prétend dévoiler les secrets
Au sein de la nature enfoncés à jamais.
Le premier en Égypte il attesta les mages
Que Dieu lui révélait la science des sages.
....
Amant du merveilleux, faible, ignorant, crédule,
Le mage crut longtemps ce conte ridicule;
Et Zoroastre ainsi, par l'orgueil inspiré,
Égara tout un peuple après s'être égaré.
Je ne viens point tracer à la raison humaine
La suite des erreurs où son orgueil l'entraîne;
Mais lui montrer encor qu'en des siècles savants,
Burnet substitua sa fable à ces romans.
....

---

[19] Este começo me parece bom: está claro, está expresso do modo conveniente. Talvez o último verso seja um pouco brusco.

[20] Não gosto de Zoroastro no presente. Parece-me que esse *pretende* só convém a um autor que se lê todos os dias. Além disso, Zoroastro não é conhecido no Egito, mas na Ásia; ele não atestou os magos, fundou-os.

[21] Esses quatro versos são belos; mas volto a dizer-te que o salto de Zoroastro, fundador de uma religião e de uma filosofia, a Burnet, de quem todos zombam, é um salto perigoso, é passar de um oceano a um escarro. Burnet fala do dilúvio, etc. Isso pouco interessa às pessoas. Gostaria muito mais de colocar em belos versos o sentimento de todos os filósofos gregos sobre a eternidade da matéria, e dizer qualquer coisa de Epicuro.

[22]Feliz o homem se ainda, menos sensível à impostura,
Senhor de se perder no campo da natureza,
Para além de todos os céus não tivesse prosseguido no erro!
Mas, de um fogoso espírito, quem pode acalmar o ardor?
Quem pode contê-lo nos limites prescritos?
O universo é limitado, o orgulho é sem limites.
O que o orgulho não ousa? Ele vai até Deus.
Um diz que ele está em toda parte sem estar em lugar algum,
Em um longo argumento que propõe à escola,
Pretende que nada é Deus, mas que Ele é cada coisa;
E o pedante, assim, tirano da razão,
Acredita propor uma ideia, e forma apenas um som[23].

Heureux si l'homme encor, moins souple à l'imposture,
Maître de s'égarer au champ de la nature,
Par delà tous les cieux n'eût poursuivi l'erreur!
Mais d'un fougueux esprit qui peut calmer l'ardeur?
Qui peut le retenir dans les bornes prescrites?
L'univers est borné, l'orgueil est sans limites.
Que n'ose point l'orgueil? Il passe jusqu'à Dieu.
L'un dit qu'il est partout sans être en aucun lieu,
Dans un long argument qu'à l'école il propose,
Prétend que rien n'est Dieu, mais qu'il est chaque chose;
Et le pédant ainsi, tyran de la raison,
Croit donner une idée, et ne forme qu'un son.

Helvetius pinta em seguida o retrato da Preguiça:

Apenas ela (a Preguiça) admira-se em sua própria ignorância,
Por um falso ridículo avilta a ciência[24],
E adornada exteriormente com um desdém afetado,
Em seu despeito ciumento prega o ócio.

Elle seule (la Paresse)
s'admire en sa propre ignorance,
Par un faux ridicule avilit la science,
Et parée au dehors d'un dédain affecté,
Dans son dépit jaloux prêche l'oisiveté.

---

[22] Os seis versos que seguem são muito bonitos.
[23] Perfeito.
[24] Estes dois versos são à Molière, os dois seguintes à Boileau, os próximos quatro à Helvetius, e são muito bonitos.

Longe dos estudos, diz ela, no seio da moleza,	*Loin des travaux, dit-elle, au sein de la mollesse,*
Vivei e sede todos ignorantes por sabedoria.	*Vivez et soyez tous ignorants par sagesse.*
Vosso espírito não é feito para penetrar, para ver;	*Votre esprit n'est point fait pour pénétrer, pour voir;*
Já é o bastante que aprenda que nada pode saber.	*C'est assez s'il apprend qu'il ne peut rien savoir.*
....	....
Saibamos que, se temos que admitir ignorar	*Sachons que, s'il nous faut consentir d'ignorer*
Os segredos em que o espírito não pode penetrar,	*Les secrets où l'esprit ne saurait pénétrer,*
Temos também que[25] admitir que a natureza, como Proteu,	*Que la nature aussi, trop semblable à Protée,*
Só abre seu seio ao olhar de um Aristeu.	*N'ouvrit jamais son sein qu'aux yeux d'un Aristée*

Lição III

Que funesto poder, que invisível cadeia,	*Quel funeste pouvoir, quelle invisible chaîne,*
Longe da verdade, mantém o homem ou o arrasta?	*Loin de la vérité, retient l'homme ou l'entraîne?*
Escravo infortunado das mentiras diversas,	*Esclave infortuné des mensonges divers,*
Tem de sofrer-lhes o jugo ou pode quebrar-lhes os ferros?[26]	*Doit-il subir leur joug, peut-il briser leurs fers?*

---

[25] Há aqui dois *que* na mesma oração. Toma cuidado com os *que*. Esses malditos *que* debilitam tudo. Além disso, Proteu e Aristeu surgem aqui muito abruptamente. Isso seria bom se esta segunda parte do período tivesse alguma relação com a primeira. Poder-se-ia dizer: Saibamos que, se a natureza é um Proteu que se oculta aos preguiçosos, ela se revela aos Aristeus. Sem essa atenção a todos os períodos, jamais escreverás claramente; e sem clareza jamais há beleza. Lembremo-nos do verso de Despréaux (Epístola IX, 59):
"Meu pensamento sempre à luz do dia se oferece e se expõe."
E este final está muito curto, está muito negligenciado. Reformulando esta obra, podes torná-la excelente.

[26] Muito bem.

Acaso pode, surdo ao erro, escutar a sabedoria?
Certamente, se fugir de dois tiranos, o orgulho e a preguiça.
O primeiro, Ícaro insensato, quer elevar-se aos céus,
Sentar-se, longe dos mortais, no trono dos deuses,
De onde todo o universo se descobre à sua vista.
Ele quer, ele alça voo, e se perde nas nuvens[27].
O outro, tirano menos soberbo, sibarita atoleimado,
Conduzido pela ignorância à imbecilidade,
Só deseja, só quer, só age com fraqueza.
Se com passos titubeantes caminha para a sabedoria,
Demasiadamente frouxo, reluta ao primeiro esforço;
No seio das volúpias cai e volta a dormir[28].
Se no universo cativo o erro impera,
É porque outrora esses dois tiranos forjaram suas cadeias.
Foi por desmedido orgulho que outrora extasiados,
Sublimes espíritos amantes das verdades,
Nascidos para vencer o erro, para iluminar o mundo,
Cobriram-no ainda mais com uma noite mais profunda.

Peut-il, sourd à l'erreur, écouter la sagesse?
Oui, s'il fuit deux tyrans, l'orgueil et la paresse.
L'un, Icare insensé, veut s'élever aux cieux,
S'asseoir, loin des mortels, sur le trône des dieux,
D'où l'univers entier se découvre à sa vue.
Il le veut, il s'élance, et se perd dans la nue.
L'autre, tyran moins fier, sybarite hébété,
Conduit par l'ignorance à l'imbécillité,
Ne désire, ne veut, n'agit qu'avec faiblesse.
Si d'un pas chancelant il marche à la sagesse,
Trop lâche, il se rebute à son premier effort;
Au sein des voluptés il tombe et se rendort.
De l'univers captif si l'erreur est la reine,
Jadis ces deux tyrans en ont forgé la chaîne.
C'est par le fol orgueil qu'autrefois emportés,
De sublimes esprits amants des vérités,
Nés pour vaincre l'erreur, pour éclairer le monde,
Le couvrirent encor d'une nuit plus profonde.

---

[27] Muito bons, esses seis versos.
[28] Os dois versos que substituíste por esses outros dois eram bons, e os atuais são ainda melhores.

Um persa foi o primeiro que pretendeu nos céus Ter finalmente roubado todos os segredos dos deuses[29]. Foi o primeiro na Ásia a reunir magos, E ensinar apaixonadamente a ciência dos sábios; Contou que poder presidia aos elementos, Que braço lhes imprimiu os primeiros movimentos, O grande Deus, dizia ele, com suas asas rápidas, Fendia maravilhosamente os vastos mares do vácuo; Uma flor ali flutuava desde toda a eternidade; Deus a viu, e dela fez uma divindade: Recebeu o nome de Brahma, a bondade por essência; A ordem e o movimento são filhos de sua potência. [30].................................. .... Com o sedimento das águas sua mão moldou a Terra[31].	*Un Persan le premier prétendit dans les cieux* *Avoir enfin ravi tous les secrets des dieux.* *Le premier en Asie il assembla des mages,* *Enseigna follement la science des sages;* *Raconta quel pouvoir préside aux éléments,* *Quel bras leur imprima les premiers mouvements.* *Le grand Dieu, disait-il, sur son aile rapide,* *Fendait superbement les vastes mers du vide;* *Une fleur y flottait de toute éternité;* *Dieu l'aperçoit, en fait une divinité:* *Elle a pour nom Brama, la bonté pour essence;* *L'ordre et le mouvement sont fils de sa puissance.* .... *Du sédiment des eaux sa main pétrit la terre.*

---

[29] Bom.

[30] Eu cortaria esses quatro versos; ninguém está interessado em conhecer a fundo o sistema de Zoroastro, que talvez não seja nada disso.
    Longe de esgotar uma matéria,
    Só devemos tomar-lhe a flor.
    [*Loin d'épuiser une matière,*
    On n'en doit prendre que la fleur]
    "Só devemos pintar o que merece ser pintado, *et quae desperat tractata nitescere posse relinquit.*"

[31] Bom.

As nuvens espessas, prisões da trovoada,
Nas asas do vento se elevam nos ares.
O ardente equador cinge o vasto universo[32].
Vênus abre então a barra do primeiro dia,
Os sóis acesos começam seu caminho,
Dão aos vastos céus forma e cores,
Às florestas verdura, aos campos flores[33].
Amante do maravilhoso, fraco, ignorante, crédulo,
O mago acreditou muito tempo nesse conto ridículo;
E Zoroastro assim, pelo orgulho inspirado,
Perdeu todo um povo após ter-se perdido[34].
Foi então que o cego sistema

Sua fronte adornou com o primeiro diadema[35];
Que ele nomeou-se rei de cem povos diversos,
E que ousou dar deuses ao universo.

Les nuages épais, ces prisons du tonnerre,
Sur les ailes des vents s'élèvent dans les airs.
Le brûlant équateur ceint le vaste univers.
Vénus du premier jour ouvre alors la barrière,
Les soleils allumés commencent leur carrière,
Donnent aux vastes cieux leur forme et leurs couleurs,
Aux forêts la verdure, aux campagnes les fleurs.
Amant du merveilleux, faible, ignorant, crédule,
Le mage crut longtemps ce conte ridicule;
Et Zoroastre ainsi, par l'orgueil inspiré,
Égara tout un peuple après s'être égaré.
Ce fut en ce moment que l'aveugle système
Sur son front attacha son premier diadème;
Qu'il se fit nommer roi de cent peuples divers,
Et qu'il osa donner des dieux à l'univers.

---

[32] Verso admirável. Gostaria de dizer, de passagem, que o rei da Prússia ficou extasiado ao lê-lo; não digo isso para honrar-te, mas para honrar, e muito, a ele.
  Este verso, na verdade, pertence a todos os sistemas; mas podemos muito bem conservar seu lugar aqui dizendo que se trata de um efeito do sistema de Zoroastro; e, se esse verso convém a todos os sistemas, porque não conviria também a esse?

[33] Bonito.

[34] Bonito.

[35] Isso é novo e muito nobre.

Da Pérsia, então, expulso pela moleza,	*De la Perse, depuis, chassé par la mollesse,*
Atravessou os mares, estabeleceu-se na Grécia.	*Il traversa les mers, s'établit dans la Grèce.*
Um sábio, encontrando-o, disputou a temerária honra	*Un sage, à son abord, brigua le fol honneur*
De enriquecer seu país com um novo erro.	*D'enrichir son pays d'une nouvelle erreur.*
Hesíodo conta que outrora a Noite escura	*Hésiode conta qu'autrefois la Nuit sombre*
Cobriu o Érebo inteiro com os véus de sua sombra,	*Couvrit l'Érèbe entier des voiles de son ombre,*
Nos estéreis flancos do caos tenebroso	*Dans les stériles flancs du chaos ténébreux*
Eclodiu o ovo de onde saiu o Amor, senhor dos deuses.	*Perça l'oeuf d'où sortit l'Amour, maître des dieux.*
[36]	....
Tétis cava o leito das ondas rumorejantes,	*Téthys creuse le lit des ondes mugissantes,*
E Titeu por sobre as vagas espumantes,	*Et Tithée au-dessus des vagues écumantes,*
Eleva a soberba fronte coroada pelos ares:	*Lève un superbe front couronné par les airs:*
A chama do Amor anima o universo.	*Le flambeau de l'Amour anime l'univers.*
Assim pois um espírito repleto de vã embriaguez	*Ainsi donc un esprit plein d'une vaine ivresse*
Dá ao orgulho o nome de sublime sabedoria;	*Donne à l'orgueil le nom de sublime sagesse;*
Assim as nações, joguetes dos impostores,	*Ainsi les nations, jouets des imposteurs,*
Batem-se ainda para escolher os erros,	*Se disputent encor sur le choix des erreurs,*
Aplaudem sempre os mais loucos pensamentos;	*Applaudissent toujours aux plus folles pensées;*

---

[36] Eu tiraria tudo isso. Quanto mais concisa tua obra, mais ela terá força.

Assim nosso universo, por mãos insensatas,
Tantas vezes destruído, tantas reedificado,
Nunca passou de um templo ao erro dedicado[37]
Feliz se algumas vezes, rebelde à impostura,
Senhor de se perder no campo da natureza,
O homem para além dos céus tivesse perseguido o erro!
Mas de um soberbo espírito, quem moderou o ardor?
Quem pôde contê-lo nos limites prescritos?
O universo é limitado, o orgulho é sem limites[38].
Nas regiões da alma ele já penetrou;
Nas asas do orgulho, Platão alçou voo;
Do poder de pensar ele priva a matéria[39].
Nossa alma, ele ensinava, não é uma luz
Que nasce, que se debilita, que cresce com o corpo;
Ao contrário, é a alma não extensa que controla todos seus mecanismos:
Ela é indivisível, ela é pois imortal.

A alma foi ora uma viva fagulha,

Ora um átomo sutil, ora um sopro aéreo:

Ainsi notre univers, par des mains insensées,
Tant de fois tour à tour détruit, rédifié,
Ne fut jamais qu'un temple à l'erreur dédié
Heureux si quelquefois, rebelle à l'imposture,
Maître de s'égarer au champ de la nature,
L'homme au delà des cieux eût poursuit l'erreur!
Mais d'un superbe esprit qui modéra l'ardeur?
Qui put le retenir dans les bornes prescrites?
L'univers est borné, l'orgueil est sans limites.
Aux régions de l'âme il a déjà percé;
Sur l'aile de l'orgueil Platon s'est élancé;
Du pouvoir de penser il prive la matière.
Notre âme, enseignait-il, n'est point une lumière
Qui naît, qui s'affaiblit, qui croît avec le corps;
Mais l'âme inétendue en meut tous les ressorts:

Elle est indivisible, elle est donc immortelle.
L'âme fut tour à tour une vive étincelle,

Un atome subtil, un souffle aérien:

---

[37] Muito bonito.
[38] Verso admirável.
[39] Melhor impossível.

Todos discorreram sobre ela, mas dela ninguém nada soube[40].
Assim, invariavelmente o céu, aos olhos do próprio sábio,
Oculta suas verdades em uma nuvem escura.

Finalmente, o orgulho ousou elevar-se até Deus.
Deus habita todo o universo, e não está em lugar nenhum;
Nada é Deus, me diz um; mas ele é cada coisa.
À credulidade o falso profeta impõe
A indispensável lei de sufocar a razão,
E de sempre considerar como ideia um nome vão.
Um outro pinta seu Deus como um mar imenso,
Berço vasto onde o mundo nasceu.

....
....

Com mentiras assim a vaidade fecunda
Fez esses diferentes deuses, esses diferentes planos do mundo.
Cada escola outrora teve sua divindade,
E o único deus comum era a vaidade.

Algumas vezes, fugindo do orgulho e de sua embriaguez,
O homem é apanhado nas redes que sua preguiça lhe lança.

Chacun en discourut, mais aucun n'en sut rien.
Ainsi toujours le ciel, aux yeux même du sage,
Cacha ses vérités dans un sombre nuage.

Enfin l'orgueil osa s'élever jusqu'à Dieu.
Dieu remplit l'univers, et n'est dans aucun lieu;
Rien n'est Dieu, me dit l'un; mais il est chaque chose.
À la crédulité ce faux prophète impose
L'indispensable loi d'étouffer la raison,
Et de prendre toujours pour idée un vain nom.
Un autre peint son Dieu comme une mer immense,
Berceau vaste où le monde a reçu la naissance.

....
....

En mensonges ainsi la vanité féconde
Fit ces différents dieux, ces divers plans du monde.
Chaque école autrefois eut sa divinité,

Et le seul dieu commun était la vanité.

Quelquefois, en fuyant l'orgueil et son ivresse,
L'homme est pris aux filets que lui tend sa paresse.

---

[40] Verso muito bonito.

A preguiça torna mais espessa em seu indolente repouso
A sombra com que a ignorância envolveu nossos berços.
O verdadeiro em vão dardeja os mortais com sua luz,
Os dedos da indolência fecharam suas pálpebras[41].
A preguiça nunca é fecunda em erros;
Mas é sempre dócil ao jugo dos impostores.
O orgulho, como um corcel que ultrapassa as portas da cidade,
Faz faiscar a pedra sob seus pés rápidos,
Afasta-se da pista e, com as narinas abertas,
O freio entre os dentes, precipita-se no deserto.
A preguiça, ao contrário, no meio da arena,
Como um corcel indolente, sem força, sem fôlego,
Caminha, cai, rola no chão e, sem disputá-lo,
Vê o prêmio, e o abandona a quem quiser pegá-lo.
Ela defende na corte a escola da ignorância,
Do trono da estima arranca a ciência,
E adornada exteriormente com um desdém afetado,
Em seu despeito ciumento prega o ócio.
Longe dos estudos, diz ela, no seio da moleza,

La paresse épaissit dans son lâche repos
L'ombre dont l'ignorance entoura nos berceaux.
Le vrai sur les mortels darde en vain sa lumière,
Le doigt de l'indolence a fermé leur paupière.
La paresse jamais n'est féconde en erreurs;
Mais souvent elle est souple au joug des imposteurs.
L'orgueil, comme un coursier qui part de la barrière,
Fait, sous son pied rapide, étinceler la pierre,
S'écarte de la borne, et, les naseaux ouverts,
Le frein entre les dents, s'emporte en des déserts.
La paresse, au contraire, au milieu de l'arène,
Comme un lâche coursier, sans force, sans haleine,
Marche, tombe, se roule, et, sans le disputer,
Voit le prix, l'abandonne à qui veut l'emporter.
Elle tient à la cour école d'ignorance,
Du trône de l'estime arrache la science,
Et, parée au dehors d'un dédain affecté,
Dans son dépit jaloux prêche l'oisiveté.
Loin des travaux, dit-elle, au sein de la mollesse,

---

[41] Verso encantador.

Vivei e sede todos ignorantes por sabedoria.
Vosso espírito não é feito para penetrar, para ver;
Já é o bastante que aprenda que nada pode saber[42].
Desse dogma nasceu o sutil pirronismo;
A coroa do sofismo cinge-lhe a fronte.
O astro do verdadeiro, diz ele, não pode nos iluminar:
Quem quer se elevar está prestes a se perder.
Arruína o templo do sistema,

Forja com as próprias mãos um troféu para si mesmo;
Mas esse novo Sansão cai e é soterrado
Sob os vastos escombros do templo que destruiu[43].

Escutai esse marquês nutrido na indolência,
Embriagado de jogo, vinho e volúpia,
Ao sair de uma ceia em que o ardente desejo
Acaba de extinguir seu fogo no altar do prazer.
Esse galante preceptor das pessoas do belo mundo,
Indigno de admirar os escritores que ironiza,
Diz aos tolos reunidos: Sou pirrônico;

Vivez et soyez tous ignorants par sagesse.
Votre esprit n'est point fait pour pénétrer, pour voir;
C'est assez s'il apprend qu'il ne peut rien savoir.
De ce dogme naquit le subtil pyrrhonisme;
Son front est entouré des bandeaux du sophisme.
L'astre du vrai, dit-il, ne peut nous éclairer:
Qui s'y veut élever est prêt à s'égarer.
Il porte la ruine au temple du système,

S'y dresse de ses mains un trophée à lui-même;
Mais ce nouveau Samson tombe et s'ensevelit
Sous les vastes débris du temple qu'il détruit.

Écoutez ce marquis nourri dans la mollesse,
Ivre de pharaon, de vin, et de tendresse,
Au sortir d'un souper où le brûlant désir
Vient d'éteindre ses feux sur l'autel du plaisir.
Ce galant précepteur du peuple du beau monde,
Indigne d'admirer les écrivains qu'il fronde,
Dit aux sots assemblés: Je suis pyrrhonien;

---

[42] Eis uma passagem muito boa; nítida, precisa e no verdadeiro estilo da epístola.
[43] A metade dessa página me parece perfeita.

E quer insensatamente que o homem saiba ou tudo ou nada.

Se outrora Sócrates consentiu ignorar
Os segredos que um mortal não poderia penetrar,
Em seu abismo ao menos tentou descer;
Se não pôde sondá-lo, ousou tentá-lo.

Que Locke seja teu guia, e que em teus primeiros anos
Ele possa ao menos firmar teus passos ainda trêmulos[44].
Se Locke não vai até o fim do caminho,
Suas mãos possantes pelo menos já levantaram a barreira.
Através da bruma das superstições,
Apenas ele vislumbrou os clarões da verdade.
Com um braço esmagou o orgulho do platonismo,
Com o outro reduziu o campo do pirronismo.
Locke, por fim, evitou a preguiça e o orgulho.
Fujamos também desses dois entraves.
O verdadeiro não é dádiva; é recompensa,
É o prêmio pelo trabalho, perdido pela indolência.
Como poucos mortais cobiçam esse prêmio,

Veut follement que l'homme ou sache ou tout ou rien.

Si Socrate autrefois consentit d'ignorer
Les secrets qu'un mortel ne saurait pénétrer,
Dans leur abîme au moins il tenta de descendre;
S'il ne put le sonder, il osa l'entreprendre.

Que Locke soit ton guide, et qu'en tes premiers ans
Il affermisse au moins tes pas encor tremblants.
Si Locke n'atteint point au bout de la carrière,
Du moins sa main puissante en ouvrit la barrière.
À travers les brouillards des superstitions,
Lui seul des vérités aperçut les rayons.
D'un bras il abaisse l'orgueil du platonisme,
De l'autre il rétrécit le champ du pyrrhonisme.
Locke enfin évita la paresse et l'orgueil.
Fuyons également et l'un et l'autre écueil.
Le vrai n'est point un don; c'est une récompense,
C'est un prix du travail, perdu par l'indolence.
Qu'il est peu de mortels par ce prix excités,

---

[44] Mais uma página excelente.

Como poucos ainda descem ao poço das verdades![45]	*Qui descendent encore au puits des vérités!*
O prazer proíbe que a juventude nele entre;	*Le plaisir en défend l'entrée à la jeunesse;*
A obstinação o oculta da velhice[46].	*L'opiniâtreté la cache à la vieillesse.*
O príncipe, o prelado, o amante, o ambicioso,	*Le prince, le prélat, l'amant, l'ambitieux,*
Todos fecharam os olhos à luz das verdades:	*Au jour des vérités tous ont fermé les yeux:*
E o céu, contudo[47], para caminharmos até elas,	*Et le ciel cependant, pour s'avancer vers elles,*
Ainda nos deixou os pés, se nos cortou as asas.	*Nous laisse encor des pieds, s'il nous coupa les ailes.*
Até o templo do verdadeiro, longe da mentira impura[48],	*Jusqu'au temple du vrai, loin du mensonge impur,*
A sabedoria pode caminhar a passos lentos, mas firmes.	*La sagesse à pas lents peut marcher d'un pied sûr.*

Segunda Epístola
Sobre o amor pelo estudo
À senhora marquesa de Châtelet

De nossas paixões toda[49] a atividade, É menos temível do que é[50] a ociosidade;	*Oui, de nos passions toute l'activité Est moins à redouter que n'est l'oisiveté;*

---

[45] Não sei se *poço* não seria um pouco comum demais; de resto, está excelente.

[46] Melhor impossível.

[47] Gostaria de algo melhor que *e o céu*. Gostaria também de concluir com algum verso mais marcante. Tua epístola está cheia deles.

[48] Não gosto desta *mentira impura*; dá para sentir que é apenas um epíteto; creio ter explicado meus escrúpulos a esse respeito.

"Bem vês, caro amigo, que apenas mais alguns ramos desta bela árvore devem ser podados. Confia em mim, reduz bastante essas divagações de nossos antigos filósofos; é menos por aí do que por pinturas modernas que acertamos. Digo-te mais uma vez que podes fazer desta epístola uma obra que será única em nossa língua, e que sozinha bastará para te proporcionar enorme reputação. Beijo-te e teria ciúmes de ti, se não estivesse encantado."

[49] *Toda*, palavra que enfraquece o sentido, palavra ociosa.

[50] *Do que é*, alongamento que debilita o pensamento. Pensamento, aliás, comum demais e que deve ser incrementado pela expressão. Além disso, *do que é* está muito perto de *do que são*; ambos devem ser banidos.

Sua calma[51] é mais terrível do que são as tempestades das paixões;
Tomemos o cuidado de não nos submetermos a seu jugo[52].
Evitemos sobretudo[53] o tédio, cujo sombrio langor

É mais[54] insuportável ainda que a dor.
Tu, que destrói[55] o espírito, amortece[56] sua chama;
Tu, ao mesmo tempo[57], vergonha e câncer da alma;
Tu que verte[58] em seu seio o torpor,
Que, para devorá-la, suspende-lhe[59] o movimento,
Sufoca-lhe[60] os pensamentos e a mantém[61] em cadeias:
Ó monstro, em teu furor semelhante à aranha[62],
Que com seus fios pegajosos[63] esforça-se por envolver

*Son calme est plus affreux que ne sont leurs tempêtes;
Gardons-nous à son joug de soumettre nos têtes.
Fuyons surtout l'ennui, dont la sombre langueur*

*Est plus insupportable encor que la douleur.
Toi qui détruit l'esprit, en amortit la flamme;
Toi, la honte à la fois et la rouille de l'âme;
Toi qui verse en son sein ton assoupissement,
Qui, pour la dévorer, suspend son mouvement,
Étouffe ses pensées et la tient enchaînée:
O monstre, en ta fureur semblable à l'araignée,
Qui de ses fils gluants s'efforce d'entourer*

[51, 52] Sua *calma*, seu *jugo*: duas figuras incompatíveis entre si; grande defeito na arte de escrever.

[53] Evitemos *sobretudo* o tédio. *Sobretudo*, palavra inútil; ideia não menos inútil: pois quem não quer evitar o tédio?

[54] *Mais insuportável*, muito semelhante a *menos temível*. Esses *mais* e esses *menos* repetidos muitas vezes matam a poesia.

[55, 56] Tu que *destrói o espírito*, amortece sua chama.
 É preciso colocar *que destróis*: a concordância deve ser feita com a segunda pessoa. Além disso, é supérfluo falar de sua chama amortecida quando ele está destruído.

[57] *Ao mesmo tempo vergonha e câncer*. Esses dois vícios da alma não são contrários um ao outro. Assim, *ao mesmo tempo* é supérfluo. Poder-se-ia dizer que a ambição é ao mesmo tempo a glória e a desgraça da alma; essas oposições são belas. Mas entre câncer e vergonha não existe oposição.

[58] Tu *que verte em seu seio o torpor*.
 O correto é *vertes* e não *verte*. Mas não se verte um torpor.

[59, 60, 61] *Suspendes* e não *suspende* etc. Não se deve revolver tanto o *pensamento*.

[62] Pode-se pintar a aranha, mas não nomeá-la. Nada é mais belo do que não dar às coisas seu verdadeiro nome.

[63] *Pegajosos* forma uma imagem mais desagradável que verdadeira.

O infeliz inseto que quer devorar!⁶⁴

Contra teus vãos esforços minha alma é aguerrida;

Nos espíritos ociosos⁶⁵ incute tua letargia,
Ou recalca⁶⁶ em teu seio teu impotente veneno;
Soube preservar de teus venenos minha razão.
Espírito⁶⁷ vasto e fecundo, luz viva e pura,
Que, na espessa noite que envolve a natureza,
Toma, para guiar teus passos, a tocha de Newton;
Que, de um vão preconceito libertando a razão,
Sabe de um sofisma hábil dissipar os prestígios:
Aos olhos de teu gênio, não existem prodígios;
O universo se desvela à tua sagacidade,
E através de ti os franceses caminham para a verdade.
Das leis que aos elementos o Todo-Poderoso impõe
Desvenda, a nossos olhos, a causa;

L'insecte malheureux qu'elle veut dévorer!

Contre tes vains efforts mon âme est affermie;

Dans les esprits oisifs porte ta léthargie,
Ou refoule en ton sein ton impuissant poison;
J'ai su de tes venins préserver ma raison.
Esprit vaste et fécond, lumière vive et pure,
Qui, dans l'épaisse nuit qui couvre la nature,
Prends, pour guider tes pas, le flambeau de Newton;
Qui, d'un vain préjugé dégageant la raison,
Sais d'un sophisme adroit dissiper les prestiges:
Aux yeux de ton génie il n'est point de prodiges;
L'univers se dévoile à ta sagacité,
Et par toi le Français marche à la vérité.
Des lois qu'aux éléments le Tout-Puissant impose
Achève à nos regards de découvrir la cause;

---

⁶⁴ Não sei se a alma ociosa pode ser comparada a uma mosca em uma teia de aranha.
⁶⁵ Nos espíritos *ociosos* incute tua letargia.
 A ociosidade já é letargia.
⁶⁶ *Recalca* em teu seio. *Recalca* não é a palavra adequada. Ela pode retomar, voltar a engolir, etc. seu veneno. Mas essas imagens são repugnantes.
⁶⁷ Os versos dedicados a Emília são belos, mas não têm ligação com o assunto. Trata-se de trabalho, de ociosidade. Falta, aqui, um encadeamento de ideias.
 Tantum series juncturaque pollet.
  (Horácio, *Arte poética*, 242)

Voa até o seio do próprio Deus, e descobre os mecanismos	Vole au sein de Dieu même, et connais les ressorts
Que sua mão forjou para mover todos os corpos.	Que sa main a forgés pour mouvoir tous les corps.
Ou, antes, interrompe o curso de teu gênio:	Ou plutôt dans sa course arrête ton génie:
Vem servir teu país, vem, sublime Emília,	Viens servir ton pays, viens, sublime Émilie,
Ensinar aos franceses a arte de viver com eles:	Enseigner aux Français l'art de vivre avec eux:
Que eles devam também a ti a arte de ser felizes;	Qu'ils te doivent encor le grand art d'être heureux;
Vem, dize-lhes que soubeste, desde a mais tenra infância,	Viens, dis-leur que tu sus, dès la plus tendre enfance,
Ao fausto de tua classe preferir a ciência;	Au faste de ton rang préférer la science;
Que teus olhos sempre souberam discernir nos grandes	Que tes yeux ont toujours discerné chez les grands
O vazio interior do brilho exterior.	De l'éclat du dehors le vide du dedans.
Dize-lhes que nada aqui nos pertence além de nós mesmos,	Dis-leur que rien ici n'est à soi que soi-même,
Que o sábio em si mesmo encontra o bem supremo,	Que le sage dans lui trouve le bien suprême,
E que somente o estudo pode em um coração[68],	Et que l'étude enfin peut seule dans un coeur,
Ornando-o de virtudes, gerar a felicidade.	En l'ornant de vertus, enfanter le bonheur.
E tu, divino mortal[69], que honras o universo,	Et toi, mortel divin, dont l'univers s'honore,
Ser que admiramos e que ainda ignoramos;	Être que l'on admire et qu'on ignore encore;
Tu, cuja imensidão te esquiva a nossos olhos,	Toi dont l'immensité te dérobe à nos yeux,

---

[68] Esses últimos versos deveriam ser mais concisos e também mais próximos do começo do retrato de Emília.

[69] Por Deus, nada de divino mortal; a palavra *amigo* vale bem mais. Conserva a beleza dos versos e elimina o excesso de elogios.

Estás, Voltaire, entre os homens e os deuses!	*Tiens le milieu, Voltaire, entre l'homme et les dieux!*
Sol erguido sobre nós, derrama tuas influências;	*Soleil levé sur nous, verse tes influences;*
Faze germinar ao mesmo tempo as artes e as ciências.	*Fais germer à la fois les arts et les sciences.*
Como vemos a cada ano, aos raios da primavera,	*Telle on voit chaque année, aux rayons du printemps,*
A Terra enfeitar-se com novos adornos,	*La terre se parer de nouveaux ornements,*
Escorrer nos canais[70], das árvores e das flores,	*Fouler dans les canaux des arbres et des fleurs*
A seiva que produz seus frutos e cores.	*La sève qui produit leurs fruits et leurs couleurs.*
Vi inimigos tentar encarniçadamente prejudicar-te,	*J'ai vu des ennemis acharnés à te nuire,*
Não podendo igualar-se a ti, tentar destruir-te;	*Ne pouvant t'égaler, chercher à te détruire;*
Amigos contra ti armar-se com o próprio bem que fizeste.	*Des amis contre toi s'armer de tes bienfaits.*
Vi invejosos, ciosos de teus êxitos,	*J'ai vu des envieux, jaloux de tes succès,*
Atacar-te surdamente, temendo combater-te;	*T'attaquer sourdement, craignant de te combattre;*
Vi seus vãos esforços abalar-te sem vencer-te;	*J'ai vu leurs vains efforts t'ébranler sans t'abattre;*
Como o nadador derrubado pelas ondas	*Ainsi que le nageur renversé dans les flots*
Pode parecer um momento tragado pelas águas;	*Peut paraître un moment englouti dans les eaux;*
Mas, logo recuperando-se da surpresa,	*Mais, se rendant bientôt maître de sa surprise,*
Nada e vence a onda que ele domina.	*Il nage et sort vainqueur de l'onde qu'il maîtrise.*
Quem pode armar teu coração com tanta firmeza?	*Qui peut armer ton coeur de tant de fermeté?*

---

[70] Estão faltando aqui dois versos.

E qual foi teu apoio durante a adversidade?
Apenas o amor pelo estudo. No auge da tempestade,
Foi ele quem salvou tua razão do naufrágio;
E é ele quem agora te distingue dos mortais,
E apenas a ele deverás os altares que conquistarás[71].
Assim Cipião[72], escudo de Roma,

Amigo das virtudes e homem demasiado grande,
Para não se confrontar com complôs invejosos;
O estudo, em seu exílio, assegura-lhe o repouso.
Se a dor atinge a alma desse sábio[73],
Ao menos no fundo de seu coração não pode penetrar:
O estudo guarda a porta, e a impede de entrar.
É um nome na areia[74]; um vento sopra e a apaga.
Prazer[75] na fortuna, abrigo na desgraça,

Reconhece[76], Cipião, apenas o estudo pôde

Et quel fut ton appui dans ton adversité?
L'amour seul de l'étude. Au fort de cet orage,
Ce fut lui qui sauva ta raison du naufrage;
C'est lui seul à présent qui t'arrache aux mortels,
Et c'est lui seul à qui tu devras tes autels.
Regardez Scipion, ce bouclier de Rome,

Cet ami des vertus, lui qui fut trop grand homme
Pour n'être pas en butte à de jaloux complots;
L'étude en son exil assure son repos.
Si le chagrin parvient à l'âme de ce sage,
Du moins au fond du coeur il ne peut pénétrer:
L'étude est à sa porte, et l'empêche d'entrer.
C'est un nom sur sable; un vent souffle et l'efface.
Plaisir dans ta fortune, abri dans ta disgrâce,

Conviens-en, Scipion, l'étude seule a pu

---

[71] Não estragues esses belos versos com altares.

[72] Cipião não foi anunciado. Seria preciso passar imperceptivelmente do universo das ciências ao dos heróis. A distância é grande; é preciso uma ponte que una as duas margens.

[73] A alma *desse* sábio. *Desse* debilita o verso e é duro. Falta um verso.

[74] Falta alguma coisa aqui.

[75] Tudo isso é incoerente. *Fiat lux.*

[76] *Reconhece*, Cipião. Reconhece que isso é muito prosaico e que estraga este belo, este belíssimo verso:
    Completar a felicidade esboçada por tua virtude.

Completar a felicidade esboçada por tua virtude.
[77]Infeliz cortesão! alma rastejante e vil,
Das fraquezas dos grandes, adulador servil;
Para ti[78] são deuses, vai pois incensá-los.
Ousa chamar virtude[79] a arte de não ousar pensar.
Acaso sabes o que perdes? Sabes que a escravidão
Encolhe teu espírito, enfraquece tua coragem?
Pois bem! Tua felicidade dura enquanto és favorito;
Mas, dize, que recurso[80] tens na desgraça?
Nada além da dor: sondo-lhe as feridas[81].
Acreditas sustentá-la enquanto, escravo, tu a suportas.

Funesta ambição![82] É em vão que um mortal
Procura em ti a felicidade, incensa teu altar;
Suas mãos oferecem-te incenso[83], seu coração é tua vítima.
Quanto mais ambiciona grandezas, mais sua sede se aguça.

Achever ton bonheur qu'ébaucha ta vertu.
Malheureux courtisan! âme rampante et vile,
Des faiblesses des grands adulateur servile;
Pour toi ce sont des dieux, va donc les encenser.
Ose appeler vertu l'art de n'oser penser.
Sais-tu ce que tu perds? sais-tu que l'esclavage
Rétrécit ton esprit, énerve ton courage?
Eh bien! ton bonheur dure autant que ta faveur;
Mais, dis, quelle ressource as-tu dans le malheur?
Nulle que la douleur: j'en sonde les blessures.
Tu crois la soutenir, esclave tu l'endures.

Funeste ambition! c'est en vain qu'un mortel
Cherche en toi son bonheur, fait fumer ton autel;
Ses mains t'offrent l'encens, son coeur est la victime.
Plus il marche aux grandeurs, et plus sa soif s'anime.

---

[77] Mais uma vez falta de ligação, e apóstrofes demais, uma atrás da outra. É um defeito em que caio algumas vezes, mas não quero que tenhas meus defeitos.
[78] Para ti *são*. Isso não é suportável. Essas ideias comuns não estão bem introduzidas.
[79] Belo verso, que deve ser mais bem preparado.
[80, 81] *Escravo* não combina com *feridas*, *sondar* choca com *sustentar*, e tudo isso forma um quadro pouco desenhado.
[82] Novamente uma apóstrofe.
[83] Novamente um lugar-comum.

Desejava essa oposição, acaba de obtê-la;
De sua paixão[84], nasce um novo desejo.
Outro depois[85] o segue; nada consegue detê-lo;
Sua vasta ambição[86] é como um pinheiro cuja copa
Eleva-se[87] quanto mais tentamos nos aproximar dela.
Olha, a felicidade não está onde a procuras.
[88]Infeliz de fato, feliz na aparência,

Tua única felicidade é tua vã esperança.

Que teus desejos sejam atendidos: o temor, aos olhos abertos,
Logo te apresenta o espelho dos reveses.
Aos golpes de teus rivais permaneces[89] exposto;
Tua elevação te faz temer a queda:

Do fardo de tua grandeza já te queixas,
E já sofres dos males que prevês[90].

Il désirait ce rang, il vient de l'obtenir;
De sa passion naît un nouveau désir.

Un autre après le suit; jamais rien ne l'arrête;
Sa vaste ambition est un pin dont la tête
S'élève d'autant plus qu'il semble en approcher.
Va, le bonheur n'est pas où tu vas le chercher.
Malheureux en effet, heureux en apparence,
Tu n'as d'autre bonheur que ta vaine espérance.

Que tes voeux soient remplis: la crainte, aux yeux ouverts,
Te présente aussitôt le miroir des revers.
Aux traits de tes rivaux tu demeures en butte;
Ton élévation te fait craindre ta chute:

Chargé de ta grandeur, tu te plains de son poids,
Et tu souffres déjà les maux que tu prévois.

---

[84] Está faltando uma sílaba, mas há versos demais.
[85] Outro *depois o segue*. Evidentemente, quando algo se segue, ele está *depois*. Coloca mais força e precisão.
[86] Os desejos que se *seguem* destoam do pinheiro. *A ambição é um pinheiro* é uma expressão ruim.
[87] A copa de um pinheiro não se eleva quanto mais tentamos nos aproximar dela; isso pode ser dito, no máximo, a respeito de uma montanha escarpada.
[88] Mais lugares-comuns: evita-os.
[89] *Permaneces*, termo fraco demais, que faz com que o verso definhe.
[90] Isso já foi dito muitas vezes.

Políticos profundos, ide arquitetar vossas tramas;
Criai projetos, lede no fundo das almas;
Domai vossas paixões[91] e dominai vossos desejos.
No meio dos tormentos[92] gritai: Sou feliz[93];
E, de vossas mágoas disfarçando a amargura,
Redobrai a dor cujo fogo vos consome.
Vede esta montanha[94], onde apascentam os rebanhos,
Onde a vinha com pompa abre seus ramos;

A fonte que ali jorra espalha a abundância[95].
Tudo de uma calma profunda possui a aparência:
Suas colinas estão floridas, sua cabeça está nos ares,
E seu soberbo pé serve de abóbada para o inferno.
É ali que com transporte as mais ternas pastoras,
Levadas pelo Amor, celebram--lhe os mistérios.
Esse bosque é testemunha de seus primeiros suspiros.

Politiques profonds, allez ourdir vos trames;
Enfantez des projets, lisez au fond des âmes;
Domptez vos passions, et maîtrisez vos voeux.
Au milieu des tourments criez: Je suis heureux;
Et, de tous vos chagrins déguisant l'amertume,
Redoublez la douleur dont le feu vous consume.
Voyez cette montagne, où paissent les troupeaux,
Où la vigne avec pompe étale ses rameaux;

La source qui jaillit y roule l'abondance.
Tout d'un calme profond présente l'apparence:
Ses coteaux sont fleuris, sa tête est dans les airs,
Et son superbe pied sert de voûte aux enfers.
C'est là qu'avec transport les plus tendres bergères,
Conduites par l'Amour, célèbrent ses mystères.
Ce bosquet est témoin de leurs premiers soupirs.

---

[91] *Domai vossas paixões* não é apropriado para políticos corroídos pela paixão da inveja, da ambição, da avareza, da intriga etc.

[92] No meio dos *tormentos*. Que tormentos? Não falaste deles.

[93] Nenhum político jamais gritou: Sou feliz.

[94] Novamente apóstrofes, novamente falta de conexão, novamente lugar-comum.

[95] Que há de comum entre a abundância de um prado e os políticos? Cuidado com o bucólico em tudo o que se segue, *non erat his locus*. Quatro versos bastarão, mas deverão dizer muito em pouco, e é preciso sobretudo conexões.

DISCURSOS E CONSELHOS

Esse bosque foi testemunha de seus primeiros prazeres.
Flora vem ali colher[96] os vestidos que espalha.
É ali que em doces perfumes a volúpia se exala,
E é ali que ouvimos apenas os gemidos
Dos suspiros lançados pelos felizes amantes:
Altares de seus prazeres, teatro da embriaguez,
Onde os jogos do Amor consagram-lhes a fraqueza.
Tal[97] parece de fora esse monte audacioso
Cujo flanco cavernoso guarda o trovão.

Um fulgor feito de enxofre e betume
Com o soprar do vento acende-se com furor:
Esse fogo, tanto mais vivo quanto mais represado,
Devora a prisão que o mantém enclausurado.
Sê o prazer dos olhos[98], e a embriaguez da alma,
Dóris, leva a alegria onde levas a chama;
Vê o Amor a teus pés, vê nascer seus desejos:
Em teu seio, em tua boca, ele colhe prazeres;

Ce bosquet fut témoin de leurs premiers plaisirs.
Flore vient y cueillir les robes qu'elle étale.
C'est la qu'en doux parfums la volupté s'exhale,
Et c'est là qu'on n'entend d'autres gémissements
Que les soupirs poussés par les heureux amants:
Autels de leurs plaisirs, théâtre de l'ivresse,
Où les jeux de l'Amour consacrent leur faiblesse.
Tel paraît au dehors ce mont audacieux
Qui roule le tonnerre en ses flancs caverneux.

Un phosphore pétri de soufre et de bitume
Par le souffle des vents avec fureur s'allume:
Ce feu, d'autant plus vif qu'il est plus comprimé,
Dévore la prison qui le tient enfermé.
Sois le plaisir des yeux, et l'ivresse de l'âme,
Doris, porte la joie où tu portes la flamme;
Vois l'Amour à tes pieds, vois naître ses désirs:
Sur ton sein, sur ta bouche, il cueille ses plaisirs;

---

[96] Flora não colhe vestidos, isso é um pouco demais.
[97] Declamação sem finalidade. É o maior dos defeitos.
[98] Falta um verso.

Teu orgulho lisonjeia-se com o tributo de suas lágrimas:
Reina sobre os mortais; teus títulos são teus encantos;
Embeleza o universo com um único de teus olhares,
Um sorriso de Vênus fez nascer as artes[99].
Amor![100] ó tu que morres no dia que te viu nascer![101]
Ó tu, único que poderia divinizar nosso ser!
Fagulha roubada à divindade;

Imagem do excesso de sua felicidade;
O mais belo atributo da essência suprema;
Amor! embriaga o homem e o arranca[102] de si mesmo.
Teus prazeres são[103] os únicos bens a serem desejados,
Se teus felizes transportes pudessem durar para sempre;
Mas, uma vez que escapam, em vão os chamamos de volta;
O desejo foge, bate as asas, e o Amor parte com ele.
É em vão que seu favor nos seduz um instante:

Ton orgueil est flatté du tribut de ses larmes:
Règne sur les mortels; tes titres sont tes charmes;
Embellis l'univers d'un seul de tes regards,
Un souris de Vénus fit éclore les arts.

Amour! ô toi qui meurs le jour qui t'a vu naître!
O toi qui pourrais seul déifier notre être!
Étincelle ravie à la divinité;

Image de l'excès de sa félicité;
Le plus bel attribut de l'essence suprême;
Amour! enivre l'homme et l'arrache à lui-même.
Tes plaisirs sont les biens les seuls à désirer,
Si tes heureux transports pouvaient toujours durer;
Mais sont-ils échappés, en vain on les rappelle;
Le désir fuit, s'envole, et l'Amour sur son aile.
C'est en vain qu'un instant sa faveur nous séduit:

---

[99] O que as artes têm a ver com isso? Todo esse pedaço está desconexo. *Aegri somnia*.
[100] Como! Mais uma apóstrofe, nenhuma outra figura, nenhuma outra transição?... Chicote!
[101] Não é morrendo tão rápido que ele se assemelha à divindade: contradição intolerável em versos tão belos mal-arranjados.
[102] A palavra *arrancar* não significa transportar para fora de si mesmo; dá a ideia de sofrimento e não a ideia de prazer.
[103] *São*. Seria melhor *seriam;* mas não se deve dizer nada disso, é preciso evitar essa declamação mil vezes repetida.

O transporte o acompanha, e o vazio o segue.
Dóris[104], a teu amante prodigaliza tua ternura:
Prolonga, se puderes, o tempo da embriaguez.
O tédio te apanhará ao sair de seus braços;
Procuras a felicidade[105], e não a conheces,
Este Deus[106] que procuras, recolhido em si mesmo,

Não sai de si para procurar o bem supremo;
Ele domina seus desejos; foge

Tanto da agitação quanto do torpor.
Amigo das volúpias, sem ser seu escravo,
Goza de seus favores[107] e rompe seu grilhão;
Ele desfruta dos prazeres e perde-os sem dor.
Vê Dafné[108], em nossos campos, coroar-se de flores;
Ela gosta de ornar-se com uma rosa fresca;
Mas, se não a encontra[109], nem por isso Dafné deixa de ser bela.

Le transport l'accompagne, et le vide le suit.
Doris, à ton amant prodigue ta tendresse:
Prolonge, si tu peux, le temps de son ivresse.
L'ennui va te saisir au sortir de ses bras;
Tu cherches le bonheur, et ne le connais pas,
Ce Dieu que tu poursuis; recueilli dans lui-même,

Ne va point au dehors chercher le bien suprême;
Il commande à ses voeux; il fuit également

Et l'agitation et l'assoupissement.
Ami des voluptés, sans en être l'esclave,
Il goûte leur faveur, et brise leur entrave;
Il jouit des plaisirs, et les perd sans douleurs.
Vois Daphné, dans nos champs, se couronner de fleurs;
Elle aime à se parer d'une rose nouvelle;
Ne s'en trouve-t-il point, Daphné n'est pas moins belle.

---

[104] Mais uma apóstrofe sem transição. Será possível?

[105] Procurar a felicidade e não conhecê-la não são duas ideias assim tão opostas. É por não conhecê-la bem que a procuramos. Todos os dias procuramos um desconhecido.

[106] *Esse Deus.* Nunca se disse que a felicidade fosse um deus. Essa ousadia, tolerável em uma ode, não é apropriada a uma epístola; para cada gênero é necessário um estilo.

[107] *Favores* não está bem em oposição a *grilhão*. Não se diz *grilhão* no singular.

[108] Ora! Mais uma apóstrofe desconectada! Ah!

[109] *Mas se não a encontra.* O estilo da epístola, por mais familiar que seja, não admite esses torneados demasiado comuns: podemos dizer, sem nos aviltar, as menores coisas.

Com um olhar indiferente a tranquila felicidade[110]	D'un oeil indifférent le tranquille bonheur
Vê o cego mortal escravo do erro	Voit l'aveugle mortel esclave de l'erreur,
Correr para o precipício procurando sua morada;	Courir au précipice en cherchant sa demeure;
Ébrio de paixão[111] invocá-la a todo momento;	Ivre de passion l'invoquer à toute heure;
Voar incessantemente de desejo em desejo	Voler incessamment de désirs en désirs,
E passar das dores aos prazeres;	Et passer tour à tour des douleurs aux plaisirs;
E igualmente o vê, sempre miserável,	Et tantôt il le voit, constamment misérable,
Gemer sob o fardo do tédio que o esmaga.	Gémir sous le fardeau de l'ennui qui l'accable.
Estudo[112], presta-me sempre teu socorro!	Étude, en tous les temps prête-moi ton secours!
Amigo da virtude, felicidade de todos os dias,	Ami de la vertu, bonheur de tous les jours,
Alimento do espírito, hábito mais[113] que feliz,	Aliment de l'esprit, trop heureuse habitude,
Vinga-me do Amor, rompe minha servidão;	Venge-moi de l'Amour, brise ma servitude;
Acende em meu coração um desejo mais nobre,	Allume dans mon coeur un plus noble désir,

---

[110] A felicidade é, aqui, personificada *ab abrupto*, sem nenhum abrandamento. São imagens incoerentes.

[111] Ébrio de paixão, *invocá-la*; parece que é a paixão que é invocada. E, além disso, *procurar sua morada, correr para o precipício, invocar*! Lugares-comuns mal combinados. As duas páginas precedentes deveriam ser condensadas em vinte versos bem cunhados, e depois passar-se-ia ao Estudo que é o objetivo da epístola.

[112] *Estudo*. Sempre o mesmo defeito, sempre uma apóstrofe que não foi previamente preparada.

[113] *Mais que feliz*, termo ocioso. Este *mais* está a mais.

E vem em minha primavera arrancar-me ao prazer.	Et viens en mon printemps m'arracher au plaisir.
Chamo-te, e já teu ardor me devora;	Je t'appelle, et déjà ton ardeur me dévore;
Como aquelas chamas extintas que ainda fumegam,	Tels ces flambeaux éteints, et qui fument encore,
E que se aproximando do fogo tornam a abrasar-se.	A l'approche du feu s'embrasent de nouveau.
Sua chama se reanima, e sua aurora[114] é mais bela.	Leur flamme se ranime, et son jour est plus beau.
Conserva em meu coração o desejo que me inflama:	Conserve dans mon coeur le désir qui m'enflamme:
Sê meu apoio, minha alegria, e a alma de minha alma.	Sois mon soutien, ma joie, et l'âme de mon âme.
Estudo, através de ti o homem é livre sob ferros[115]:	Étude, par toi l'homme est libre dans les fers:
Através de ti, o homem é feliz em meio aos revezes:	Par toi l'homme est heureux au milieu des revers:
Contigo o homem tem tudo[116]: o resto é inútil[117],	Avec toi l'homme a tout: le reste est inutile,
E sem ti esse mesmo homem[117] é um frágil junco[118],	Et sans toi ce même homme est un roseau fragile,
Joguete das paixões, vítima do tédio:	Jouet des passions, victime de l'ennui:
É uma hera rasteira, que permanece sem apoio[119].	C'est un lierre rampant, qui reste sans appui.

---

[114] Não se pode dizer assim tão cruamente *a aurora de uma chama*.

[115] Esses versos não cabem aqui. *Non erat his locus.*

[116] Se ele tem tudo, o hemistíquio que segue é inútil.

[117] *Esse mesmo homem*, fraco e arrastado.

[118] *Frágil junco*, imagem pouco ligada com *ter tudo*.

[119] Comparações demais amontoadas. Devemos apanhar somente a flor de uma ideia e evitar o estilo declamatório. Os versos que não dizem mais, e melhor, e mais rápido, do que diria a prosa, são maus versos.

Finalmente, é preciso chegar a uma conclusão que está faltando na obra; é necessária uma pequena dedicatória à pessoa a quem ela se destina. O meio precisa ser bem desbastado. O começo deve ser retocado, e é preciso terminar com versos que deixem vestígios no espírito do leitor.

APÊNDICE 3
PROFISSÃO DE FÉ DOS TEÍSTAS

Do conde da... a R. D.
traduzido do alemão

(1768)

Ó vós, que soubestes alçar ao trono a filosofia e a tolerância, que esmagastes a vossos pés os preconceitos, que ensinastes as artes da paz e da guerra! Uni vossa voz à nossa, e que a verdade possa triunfar como vossas armas.

Somos mais de um milhão de homens na Europa que podem ser chamados de teístas; ousamos atestar o deus único que servimos. Se pudéssemos reunir todos aqueles que, sem exame, se deixam arrastar pelos diversos dogmas das seitas em que nasceram, se eles sondassem os próprios corações, se escutassem a simples razão, a Terra estaria repleta de nossos semelhantes.

Apenas um velhaco ou um homem absolutamente alheio ao mundo ousaria nos desmentir quando dizemos que temos irmãos à frente de todos os exércitos, estabelecidos em todos os tribunais, doutores em todas as Igrejas, disseminados em todas as profissões, revestidos, enfim, do poder supremo.

Nossa religião é sem dúvida divina, já que foi gravada em nossos corações pelo próprio Deus, por esse mestre da razão universal que disse aos chineses, aos indianos, aos tártaros e a nós: Adora-me e sê justo.

Nossa religião é tão antiga quanto o mundo, já que os primeiros homens não poderiam ter tido nenhuma outra, quer esses primeiros homens tenham-se chamado Adimo e Procriti em uma parte da Índia, e Brahma na outra, ou Prometeu e Pandora entre os gregos, ou Osireth e Iseth entre os egípcios, ou que tenham tido na Fenícia nomes que os gregos traduziram por Eon; quer, enfim, se queira admitir os nomes de Adão e Eva dados posteriormente a essas primeiras criaturas pelo pequeno povo judeu. Todas as nações são concordes em terem, nos primórdios, reconhecido um único Deus, ao qual rendiam um culto simples e puro, que não podia inicialmente estar infectado por dogmas supersticiosos.

Nossa religião, ó grande homem!, é pois a única universal, assim como a mais antiga e a única divina. Nações perdidas no labirinto de mil seitas diferentes, o teísmo é a base de vossos edifícios fantásticos; em nossas verdades, fundastes vossos absurdos. Filhos ingratos, somos vossos pais, e todos vós nos reconheceis como pais quando pronunciais o nome de Deus.

Adoramos desde o início das coisas a Divindade única, eterna, que premia a virtude e vinga o crime; até aqui, todos os homens concordam, todos repetem conosco essa confissão de fé.

O centro em que todos os homens se reúnem em todos os tempos e em todos os lugares é pois a verdade, e os desvios desse centro são pois a mentira.

Que Deus é o pai de todos os homens

Se Deus fez todos os homens, todos lhe são igualmente caros, assim como todos são iguais perante ele; assim, é absurdo e ímpio dizer que o pai comum escolheu uma pequena parte de seus filhos para exterminar os outros em seu nome.

Ora, os autores dos livros judaicos levaram seu extravagante furor a ponto de ousar dizer que, em tempos extremamente recentes em comparação com os séculos anteriores, o Deus do universo escolheu um pequeno povo bárbaro, escravo dos egípcios, não para fazê-lo reinar no fértil Egito, não para que ele obtivesse as terras de seus injustos mestres, mas para que fosse, a 250 milhas de Mênfis, degolar, exterminar pequenos povos próximos de Tiro, cuja língua não podiam entender, com os quais nada tinham em comum e sobre os quais não tinham mais direito que sobre a Alemanha. Escreveram esse horror: escreveram pois livros absurdos e ímpios.

Nesses livros repletos, a cada página, de fábulas contraditórias, nesses livros escritos mais de setecentos anos após a data que lhes atribuem, nesses livros mais desprezíveis que os contos árabes e persas, conta-se que o Deus do universo teria descido em uma sarça para dizer a um pastor de oitenta anos: "Retirai vossos sapatos...; que cada mulher de vossa horda peça à vizinha, à patroa, vasos de ouro e de prata, vestidos, e assim roubareis os egípcios."[1]

"E eu vos tomarei como meu povo, e serei o vosso Deus."[2]

"E eu endurecerei o coração do faraó, *do rei*."[3]

"Se observardes meu pacto, sereis meu povo particular, sobre todos os outros povos."[4]

Josué fala assim explicitamente à horda hebraica: "Se vos parecer mal servir a Adonai, a opção vos é dada; escolhei hoje o que mais vos agradar; vede a quem deveis servir, aos deuses que vossos pais adoraram na Mesopotâmia ou aos deuses dos amorreus, em cuja terra habitais."[5]

É bem evidente por essas passagens, e por todas que as precedem, que os hebreus reconhecem vários deuses, que cada horda tinha o seu; que cada deus era um deus local, um deus particular.

E, mesmo, está dito em Ezequiel, em Amós, no *Discurso de Santo Estêvão*, que os hebreus não adoraram, no deserto, o deus Adonai, mas Renfam e Kium.

O mesmo Josué continua e lhes diz: "Adonai é forte e ciumento."

Não está pois provado por todos esses testemunhos que os hebreus reconheceram em seu Adonai uma espécie de rei visível para os chefes do povo, invisível para o povo, ciumento com relação aos reis vizinhos, e ora vencedor, ora vencido.

Observemos sobretudo esta passagem de *Juízes*: "Adonai caminhou com Judá, e tornou-se senhor das montanhas; mas não pôde exterminar os habitantes dos vales, porque estes abundavam em carros armados de foices."[6]

Não insistiremos aqui no prodigioso ridículo de dizer que nos arredores de Jerusalém os povos tinham, como na Babilônia, carros

---

[1] 3 Ex, 5, 22.
[2] *Ibid.*, 6, 7.
[3] *Ibid.*, 7, 3.
[4] *Ibid.*, 19, 5.
[5] Josué, 24, 15.
[6] Juízes, 1, 19.

de guerra em uma terra infortunada, onde só havia asnos; limitamo-nos a demonstrar que o Deus dos judeus era um deus local, que tudo podia nas montanhas, e nada nos vales: ideia tomada da antiga mitologia, que admite deuses para as florestas, os montes, os vales e os rios.

E, se objetarem que, no primeiro capítulo do *Gênese*, Deus fez o Céu e a Terra, responderemos que esse capítulo não passa de uma imitação da antiga cosmogonia dos fenícios, muito anteriores ao estabelecimento dos judeus na Síria; que esse mesmo primeiro capítulo foi visto pelos judeus como uma obra perigosa, que só se tinha a permissão de ler aos vinte e cinco anos. Devemos sobretudo observar que a aventura de Adão e Eva não é lembrada em nenhum dos livros hebreus, e que o nome de Eva só é citado em *Tobias*, considerado como apócrifo por todas as comunhões protestantes e pelos sábios católicos.

Se quisermos uma prova ainda mais forte de que o deus judeu não passava de um deus local, ei-la: um ladrão chamado Jefté, que está à frente dos judeus, diz aos deputados amonitas: "O que Camos, vosso deus, possui não vos pertence de direito? Deixai-nos pois possuir o que Adonai, nosso deus, obteve com suas vitórias."[7]

Temos pois nitidamente dois deuses reconhecidos, dois deuses inimigos um do outro: é completamente em vão que o ingênuo Calmet pretende, seguindo comentadores de má-fé, eludir uma verdade tão clara. Pode-se então concluir que o pequeno povo judeu assim como tantas grandes nações tinham seus deuses particulares: assim, Marte combateu em favor dos troianos, e Minerva em favor dos gregos; assim, entre nós, Saint Denis é o protetor da França, assim como são Jorge foi o protetor da Inglaterra. Foi assim que, em todos os lugares, a Divindade foi desonrada.

Das superstições

Que a Terra inteira se eleve contra nós, se ousar; nós a invocamos como testemunha da pureza de nossa santa religião. Acaso jamais

---

[7] Juízes, 11, 24.

conspurcamos nosso culto com alguma das superstições que as nações reprovam umas às outras? Vemos os persas, mais desculpáveis que seus vizinhos, venerar no Sol a imagem imperfeita da Divindade que anima a natureza; os sabeus adoram as estrelas; os fenícios idolatram os ventos; Grécia e Roma estão imersas em deuses e fábulas; os sírios adoram um peixe. Os judeus, no deserto, prosternam-se diante de uma serpente de bronze; adoravam realmente um baú que chamamos de *arca*, nisso imitando várias nações que transportavam seus bibelôs sagrados em baús; como provam os egípcios, os sírios; como prova o baú de que se fala em *O asno de ouro de Apuleio*[8]; como prova o baú ou a arca de Troia, que foi tomada pelos gregos, e que coube em partilha a Eurípedes[9].

Os judeus pretendiam que a vara de Aarão e um alqueire de maná fossem conservados em seu santo baú, dois bois o puxavam em uma charrete; o povo prostrava-se diante dele com o rosto em terra e não ousava olhá-lo. Adonai fez com que um dia morressem de morte súbita cinquenta mil e setenta judeus por terem levantado os olhos para o baú, e contentou-se em afligir com hemorroidas os filisteus que haviam roubado o mesmo baú e em enviar ratos a seus campos[10], até que os filisteus lhe apresentassem cinco figuras de ratos de ouro e cinco figuras do buraco do cu de ouro, e lhe devolvessem o cofre. Ó Terra, Ó Nações! Ó Verdade sagrada! Será possível que o espírito humano estava tão embrutecido para imaginar superstições tão infames e fábulas tão ridículas?

Esses mesmos judeus, que afirmam ter horror de imagens, por ordem de seu próprio Deus, conservavam contudo em seu santuário, em seu Santo dos Santos, dois querubins com cara de homem, focinho de boi e asas.

Quanto a suas cerimônias, existe algo mais repulsivo, mais revoltante e ao mesmo tempo mais pueril? Não é extremamente agradável aos olhos do Ser dos seres queimar sobre uma pedra vísceras e

---

[8] Apuleio, livros IX e XI.
[9] Pausânias, livro VII.
[10] 1 *Reis* ou *Samuel*, 5 e 6.

pés de animais?[11] Que resultado poder-se-ia obter além de um fedor insuportável? Acaso é divino torcer o pescoço de um passarinho, quebrar-lhe uma asa, mergulhar um dedo no sangue e aspergir sete vezes a assembleia?[12]

Qual é o mérito de tocar com sangue o artelho do pé direito e a extremidade da orelha direita, e o polegar da mão direita?[13]

Mas o que não é assim pueril é o que é contado em uma antiquíssima vida de Moisés escrita em hebreu e traduzida em latim. Trata-se da origem da querela entre Aarão e Coré.

"Uma pobre viúva tinha apenas uma ovelha; tosou-a pela primeira vez; Aarão chega em seguida e leva o tosão dizendo: as primícias da lã pertencem a Deus. A viúva, aos prantos, implora a proteção de Coré, que, não podendo convencer Aarão a restituir a lã, paga o seu valor à viúva. Algum tempo depois, a ovelha tem um cordeiro. Aarão logo vem tomá-lo. Está escrito, diz ele, que todo primogênito pertence a Deus. A boa mulher vai se queixar a Coré, e Coré não consegue obter justiça para ela. A viúva, revoltada, mata a ovelha. Aarão aparece imediatamente, pega a barriga, o ombro e a cabeça, segundo a ordem de Deus. A viúva, em desespero, excomunga a ovelha. Aarão logo retorna e leva a ovelha inteira: Tudo o que é excomungado, diz ele, pertence ao pontífice." Eis, em poucas palavras, a história de muitos sacerdotes: referimo-nos aos sacerdotes da antiguidade, pois, quanto aos de hoje, reconhecemos que há alguns sábios e caritativos pelos quais nutrimos grande estima.

Não vamos nos deter nas superstições odiosas de tantas outras nações; todas foram infectadas por elas, exceto os letrados chineses, que são os mais antigos teístas da Terra. Olhai esses infelizes egípcios, cujos labirintos, palácios, pirâmides e templos os tornaram tão célebres; ao pé desses monumentos quase eternos, eles adoravam gatos e crocodilos. Se existe, hoje, uma religião que tenha superado esses excessos monstruosos, é o que deixamos cada homem razoável examinar.

---

[11] *Levítico*, 1, 7.
[12] *Levítico*, 4 e 5.
[13] *Ibid.*, 8, 23.

Colocar-se no lugar de Deus, que criou o homem, criar Deus por sua vez, fazer esse Deus com farinha e algumas palavras, dividir esse Deus em mil deuses, aniquilar a farinha com a qual foram feitos esses mil deuses que são apenas um único Deus em carne e osso; criar seu sangue com vinho, apesar de o sangue já estar, segundo afirmam, no corpo de Deus; aniquilar esse vinho, comer esse Deus e beber seu sangue; é o que vemos em todos os países, onde, contudo, as artes são mais bem cultivadas que entre os egípcios.

Se nos contassem um tal excesso de tolice e de alienação de espírito da mais estúpida horda dos hotentotes ou dos cafres, diríamos que nos estavam ludibriando; enviaríamos tal conto ao país das fábulas: contudo, é isso que acontece diariamente, diante de nossos olhos, nas cidades mais civilizadas da Europa, diante dos olhos dos príncipes que toleram tal coisa e dos sábios que se calam. Que fazemos diante desses sacrilégios? Oramos ao Ser eterno por aqueles que os cometem, se contudo nossas preces podem alguma coisa junto à sua imensidão e entram no plano de sua providência.

Dos sacrifícios de sangue humano

Acaso fomos jamais culpados da insana e horrível superstição da magia, que levou tantos povos a apresentar aos pretensos deuses do ar e aos pretensos deuses infernais os membros sangrentos de tantos jovens, moços e moças, como oferendas preciosas a esses monstros imaginários? Ainda hoje, os moradores das margens do Ganges, do Indo e das costas de Coromandel consideram o cúmulo da santidade seguir em pompa mulheres jovens e belas que vão arder na pira dos maridos, na esperança de se reunirem a eles em uma nova vida. Essa abominável superstição já dura três mil anos e, perto dela, o silêncio ridículo dos anacoretas, suas salmodias enfadonhas, sua mesa ruim, seus cilícios, suas pequenas mortificações não podem nem mesmo ser considerados penitências. Os brâmanes, ao substituir, após séculos de um teísmo puro e sem mácula, a adoração simples do Ser supremo pela superstição, corromperam seus caminhos e finalmente começaram a incentivar esses sacrifícios. Tamanho horror não penetrou na China, cujo sábio governo está isento, há quase cinco mil anos, de toda demência supersticiosa. Mas esta se espalha no resto de nosso hemisfério. Não há um só povo que não tenha imolado homens a Deus, e um só povo que não tenha sido seduzido pela execrável ilusão da magia. Fenícios, sírios, citas, persas, egípcios, africanos, gregos, romanos, celtas, germanos, todos quiseram ser mágicos, e todos foram religiosamente homicidas.

Os judeus sempre foram deslumbrados por sortilégios; lançavam feitiços, encantavam serpentes, prediziam o futuro através dos sonhos, tinham videntes que encontravam coisas perdidas; expulsavam diabos e curavam possuídos com a raiz barath pronunciando a palavra Jaho, quando conheceram a doutrina dos diabos na Caldeia. As pitonisas evocavam sombras; e mesmo o autor do *Êxodo*, seja quem for, está tão persuadido da existência da magia que representa os feiticeiros-mor do faraó operando os mesmos prodígios que Moisés. Transformam suas varas em serpentes como Moisés, como ele convertem as águas em sangue, como ele cobrem a Terra de rãs, etc. Só foram vencidos no capítulo dos piolhos; por isso, já se disse muito bem que *os judeus sabiam mais do que qualquer outro povo a esse respeito.*

Esse furor da magia, comum a todas as nações, dispôs os homens a uma crueldade religiosa e infernal com a qual certamente não nasceram, já que entre mil crianças não encontraremos uma única que goste de derramar sangue humano.

Não podemos fazer melhor do que transcrever aqui uma passagem do autor da *Filosofia da história*[14], apesar de ele não concordar conosco em tudo.

"Se lêssemos a história dos judeus, escrita por um autor de outra nação, dificilmente acreditaríamos que houve efetivamente um povo fugitivo do Egito, que tenha vindo por ordem expressa de Deus imolar sete ou oito pequenas nações que não conhecia, degolar sem misericórdia todas as mulheres, velhos e crianças de peito, e só poupar as meninas pequenas; que esse povo sagrado tenha sido punido por seu Deus, quando este último fora bastante criminoso

---

[14] Ou a Introdução ao *Ensaio sobre os costumes e o espírito das nações*. [Ed. bras. *A filosofia da história*, São Paulo, WMF Martins Fontes, 2007.]

para poupar um único homem votado ao anátema. Não acreditaríamos que um povo tão abominável pudesse ter existido sobre a face da Terra; mas, como foi essa própria nação que nos relatou todos esses fatos nos seus livros sagrados, temos que acreditar.

"Não trato aqui da questão de esses livros terem sido inspirados. Nossa santa Igreja, que tem horror dos judeus, nos ensina que os livros judaicos foram ditados pelo Deus criador e pai de todos os homens; não posso conceber nenhuma dúvida, nem mesmo me permitir o menor argumento.

"É verdade que nosso fraco entendimento não pode conceber em Deus nenhuma outra sabedoria, nenhuma outra justiça, nenhuma outra bondade, além das que temos alguma ideia; mas, enfim, ele fez o que quis; não nos cabe julgá-lo; atenho-me sempre ao puramente histórico.

"Os judeus têm uma lei segundo a qual lhes é expressamente ordenado não poupar coisa alguma, homem algum, devotado ao Senhor; *não se poderá remi-lo, ele terá que morrer*, diz a lei do *Levítico*, capítulo XXVII. É em virtude dessa lei que vemos Jefté imolar a própria filha, o sacerdote Samuel cortar em pedaços o rei Agag. O *Pentateuco* nos diz que, no pequeno país de Madian, que tem aproximadamente nove léguas quadradas, os israelitas encontraram seiscentos e setenta e cinco mil ovelhas, setenta e dois mil bois, sessenta e um mil asnos, e trinta e duas mil jovens virgens, e que Moisés ordenou que fossem massacrados todos os homens, todas as mulheres e todas as crianças, exceto as virgens, das quais apenas trinta e duas foram imoladas. O que há de notável nessa devoção é que esse mesmo Moisés era genro do sumo sacerdote dos madianitas, Jetro, que lhe prestara os mais preciosos serviços e o cumulara de benesses.

"O mesmo livro nos diz que Josué, filho de Nun, tendo atravessado com sua horda o rio Jordão a pé enxuto, e tendo derrubado ao som das trombetas os muros de Jericó, cidade votada ao anátema, fez perecer todos os habitantes nas chamas; que poupou apenas Raab, a devassa, que havia escondido os espiões do santo povo, e sua família; que o mesmo Josué votou à morte doze mil habitantes da cidade de Hai; que imolou ao Senhor trinta e um reis do país, todos submetidos ao anátema, e que foram enforcados. Nada temos de comparável a esses assassinatos religiosos nos últimos tempos, com exceção, talvez, da Noite de São Bartolomeu e dos massacres da Irlanda.

"O mais triste é que muitas pessoas duvidam que os judeus tenham encontrado seiscentos e setenta e cinco mil ovelhas e trinta e duas mil moças virgens em uma aldeia do deserto no meio dos rochedos, e que ninguém duvida da Noite de São Bartolomeu. Mas não cansamos de repetir o quanto as luzes de nossa razão são impotentes para nos esclarecer sobre os estranhos acontecimentos da Antiguidade, e sobre as razões que Deus, senhor da vida e da morte, podia ter para escolher o povo judeu para exterminar o povo cananeu."

Nossos cristãos, devemos admitir, imitaram até demais esses anátemas bárbaros tão recomendados entre os judeus: foi desse fanatismo que nasceram as cruzadas, que despovoaram a Europa para ir imolar na Síria árabes e turcos a Jesus Cristo; foi esse fanatismo que gerou as cruzadas contra nossos irmãos inocentes chamados de *heréticos*; foi esse fanatismo sempre tingido de sangue que produziu a infernal ação da Noite de São Bartolomeu; e devemos notar que era nos pavorosos tempos da Noite de São Bartolomeu que os homens estavam mais envolvidos com a magia. Um padre chamado Séchelle, queimado por ter somado aos sortilégios envenenamentos e assassinatos, admitiu, em seu interrogatório, que o número daqueles que se acreditavam mágicos passava de dezoito mil: tanto a demência da magia vem sempre acompanhada do furor religioso como certas doenças epidêmicas trazem outras, e como a fome frequentemente produz a peste.

Agora, se abrirmos todos os anais do mundo, se interrogarmos todos os homens, não encontraremos um único teísta capaz desses crimes. Não, não existe um único que jamais tenha pretendido conhecer o futuro em nome do diabo, nem que tenha sido assassino em nome de Deus.

Poderão nos dizer que os ateus estão nos mesmos termos: que nunca foram nem feiticeiros ridículos, nem fanáticos bárbaros. Mas, desgraçadamente, que devemos concluir disso? Que os ateus, por mais audaciosos, equivocados que sejam, por mais mergulhados em um erro monstruoso, são ainda melhores que os judeus, os pagãos e os cristãos fanáticos.

Nós condenamos o ateísmo, detestamos a superstição bárbara, amamos a Deus e ao gênero humano: esses são nossos dogmas.

Das perseguições cristãs

Já provamos tantas vezes que a seita dos cristãos foi a única que quis forçar os homens, com o ferro e o fogo nas mãos, a pensar como ela, que já não vale a pena repetir. Objetam-nos em vão que os maometanos imitaram os cristãos; isso não é verdade. Maomé e seus árabes só violaram os mequenses, que os tinham perseguido; impuseram aos estrangeiros vencidos apenas um tributo anual de doze dracmas por cabeça, tributo de que poderiam se liberar abraçando a religião muçulmana.

Quando os árabes conquistaram a Espanha e a província narbonense, deixaram-lhes conservar sua religião e suas leis. Ainda hoje deixam viver em paz todos os cristãos de seu vasto império. Como sabeis, grande príncipe, o sultão dos turcos nomeia pessoalmente o patriarca dos cristãos gregos e vários bispos. Sabeis também que esses cristãos carregam livremente seu Deus em procissão pelas ruas de Constantinopla, enquanto, entre os cristãos, existem vastos países em que se condena à forca ou à roda todo pastor calvinista que prega, e às galés todos os que o escutam. Ó nações! Comparai e julgai.

Apenas rogamos aos leitores atentos reler essa passagem de um pequeno livro excelente, publicado há pouco, intitulado *Conselhos razoáveis, etc.*

"Sempre falais de mártires. Pois bem, senhor, não sentis o quanto essa miserável prova se eleva contra vós? Insensatos e cruéis que somos, que bárbaros jamais fizeram mais mártires que nossos bárbaros ancestrais? Ah, senhor! Acaso não viajastes? Não vistes em Constança a praça em que Jerônimo de Praga disse a um de seus carrascos do concílio que queria acender sua fogueira por trás: *Acende pela frente; se eu tivesse medo das chamas não teria vindo aqui.* Não estivestes em Londres, onde, entre tantas vítimas que a infame Maria, filha do tirano Henrique VIII, mandou queimar, estava uma mulher que, tendo dado à luz ao pé da fogueira, nela jogaram a criança junto com a mãe, por ordem de um bispo.

"Nunca passastes, em Paris, pela praça de Grève, em que o conselheiro clerical Anne Dubourg, sobrinho do chanceler, entoou cânticos antes de seu suplício? Sabeis que foi exortado a essa heroica constância por uma jovem de qualidade, chamada senhora Lacaille, queimada alguns dias depois dele? Ela estava a ferros em uma masmorra ao lado da dele, e só recebia luz por uma pequena grade que existia no alto, na parede que separava as duas masmorras. Essa mulher ouvia o conselheiro que lutava por sua vida contra seus juízes pelas formas das leis. *Deixai*, gritou-lhe ela, *essas indignas formas; acaso temeis morrer por vosso Deus?*

"É isso que um indigno historiador, como o jesuíta Daniel, não se preocupa em contar; e que D'Aubigné e os contemporâneos nos certificam.

"Será preciso mostrar-vos aqui as incontáveis pessoas que foram executadas em Lyon, na praça Terreaux, desde 1546? Será preciso exibir-vos a senhorita Cagnon seguindo, em uma charrete, cinco outras charretes cheias de infortunados condenados às chamas por terem tido a infelicidade de não acreditar que um homem pudesse transformar pão em Deus? Essa jovem, desgraçadamente persuadida de que a religião reformada era a verdadeira, sempre distribuíra larguezas entre os pobres de Lyon. Estes rodeavam, chorando, a charrete que a levava coberta de ferros. *Ai de nós!* gritavam-lhe, *não receberemos mais esmolas de vós. – Pois bem!* disse ela, *ainda recebereis alguma coisa*; e jogou-lhes suas pantufas de veludo, que os carrascos lhe haviam deixado.

"Vistes a praça da Estrapade em Paris? Ela foi recoberta, no reino de Francisco I, de corpos reduzidos a cinza. Sabeis como os faziam morrer? Suspendiam-nos em grandes básculas que levantavam e abaixavam em cima de uma vasta fogueira, para que sentissem durante mais tempo todos os horrores da morte mais dolorosa. Só jogavam esses corpos nas brasas ardentes quando já estavam quase inteiramente queimados, e quando seus membros desconjuntados, sua pele sangrenta e consumida, seus olhos queimados, seus rostos desfigurados não lhes deixavam mais a aparência da figura humana.

"O jesuíta Daniel supõe, fiando-se em um infame escritor desse tempo, que Francisco I disse publicamente que trataria dessa forma o próprio delfim, seu filho, se ele passasse a dar crédito às opiniões dos reformados. Ninguém acreditará que um rei, que não era tido como nenhum Nero, tenha jamais pronunciado tão abomináveis palavras. Mas a verdade é que, enquanto eram feitos, em Paris, esses sacrifícios dignos de selvagens, que superam tudo o que a Inquisição jamais fez de mais horrível, Francisco I divertia-se com seus cortesãos e deitava-se com sua amante. Essas não são, senhor, histórias de Santa Potamiana, de Santa Úrsula e das onze mil virgens: trata-se de um relato fiel daquilo que a história tem de menos incerto.

"A quantidade de mártires reformados, sejam eles valdenses, albigenses ou evangélicos, é incontável. Um homem chamado Pierre Bergier foi queimado em Lyon em 1552, com René Poyet, parente do chanceler Poyet. Na mesma fogueira foram jogados Jean Chambon, Louis Dimonet, Louis de Marsac, Étienne de Gravot e cinco jovens estudantes. O senhor estremeceria se eu vos mostrasse a lista de mártires que os protestantes conservaram.

"Pierre Bergier cantava um salmo de Marot enquanto ia para o suplício. Dizei-nos, de boa-fé, se cantaríeis um salmo latino em tal circunstância? Dizei-nos se o suplício da polé, da roda ou do fogo é uma prova de religião? É sem dúvida uma prova da barbárie humana; é uma prova de que, de um lado, existem carrascos e, de outro, reformados.

"Não, se quiserdes tornar a religião cristã amável, não faleis jamais de mártires. Nós fizemos cem vezes, mil vezes mais mártires que todos os pagãos. Não queremos aqui repetir o que já se disse tantas vezes dos massacres dos albigenses, dos habitantes de Mérindol, da Noite de São Bartolomeu, dos sessenta ou oitenta mil irlandeses protestantes degolados, mortos a pancadas, enforcados, queimados pelos católicos; dos milhares de índios mortos como coelhos por ordem de alguns monges. Trememos, gememos; mas é preciso dizê-lo: falar de mártires a cristãos é como falar de forcas e rodas a carrascos e beleguins."

Após tantas verdades, perguntamos ao mundo inteiro se jamais um teísta quis forçar algum homem de outra religião a abraçar o teísmo, por mais divino que seja. Ah! É por ser divino que ele nunca violentou ninguém. Um teísta acaso já matou? Que digo? Acaso jamais levantou a mão contra um único de seus insensatos adversários? Mais uma vez, comparai e julgai.

Pensamos, enfim, que se deve imitar o sábio governo chinês, que, há mais de cinquenta séculos, oferece a Deus homenagens puras, e que, adorando-o em espírito e em verdade, deixa o vil populacho chafurdar na lama dos estábulos dos bonzos. Tolera esses bonzos e os reprime, os contém tão bem, que eles não puderam excitar o menor distúrbio sob a dominação chinesa nem sob a tártara. Vamos comprar, nessa terra antiga, porcelana, laca, chá, biombos, estatuetas, cômodas, ruibarbo, pó de ouro: por que não iríamos comprar sabedoria?

Dos costumes

Os costumes dos teístas são necessariamente puros, já que eles têm constantemente o Deus da justiça e da pureza diante dos olhos, o Deus que não desce à Terra para ordenar que se roubem os egípcios, para mandar que Oseias tome uma concubina a preço de prata, e se deite com uma mulher adúltera[15].

Do mesmo modo, ninguém nos vê vender nossas mulheres como Abraão. Não nos embriagamos como Noé, e nossos filhos não insultam o membro respeitável que os fez nascer. Nossas filhas não se deitam com os pais, como as filhas de Ló e como a filha do papa Alexandre VI. Não violamos nossas irmãs, como Amon violou a irmã Tamar. Não temos entre nós padres que aplainam para nós os caminhos do crime, ousando nos absolver em nome de Deus de todas as iniquidades que sua lei eterna condena. Quanto mais desprezamos as superstições que nos rodeiam, mais nos impomos a doce necessidade de sermos justos e humanos. Olhamos todos os homens com olhos fraternais: socorremo-los indistintamente; estendemos mãos favoráveis aos supersticiosos que nos ultrajam.

Se algum de nós se afasta de nossa lei divina, se é injusto e pérfido com os amigos, ingrato com os benfeitores, se seu orgulho in-

---

[15] Oseias, 1.

constante e feroz aflige seus irmãos, declaramo-lo indigno do santo nome de *teísta*, desligamo-lo de nossa sociedade, mas sem querer-lhe mal, e sempre prontos a fazer-lhe o bem; persuadidos de que se deve perdoar, e que é belo fazer ingratos.

Se algum de nossos irmãos quisesse provocar o menor abalo no governo, não seria mais nosso irmão. Certamente não foram os teístas que outrora excitaram as revoltas de Nápoles, que recentemente se envolveram na conspiração de Madri, que acenderam as guerras da Fronda e dos Guise na França, a dos Trinta Anos na nossa Alemanha etc. Somos fiéis a nossos príncipes, pagamos todos os impostos sem um murmúrio. Os reis devem nos olhar como os melhores cidadãos e os melhores súditos. Diferentes do vil povo que só obedece à força e que nunca raciocina, mais diferentes ainda dos teólogos, que raciocinam tão mal, somos os sustentáculos dos tronos, que as disputas eclesiásticas abalaram durante tantos séculos.

Úteis ao Estado, tampouco somos perigosos para a Igreja; imitamos Jesus, que ia ao templo.

Da doutrina dos teístas

Adoradores de um Deus amigo dos homens, compassivos com as próprias superstições que reprovamos, respeitamos toda sociedade, não insultamos nenhuma seita, jamais falamos com ironia, com desprezo, de Jesus, que se costuma chamar de *Cristo*; ao contrário, nós o olhamos como um homem distinto entre os homens por seu zelo, por sua virtude, por seu amor da igualdade fraterna; lamentamo-lo como um reformador talvez um pouco estouvado, que foi vítima de fanáticos perseguidores.

Nele reverenciamos um teísta israelita, assim como louvamos Sócrates, que foi um teísta ateniense. Sócrates adorava um Deus e chamava-o pelo nome de *pai*, como diz seu evangelista Platão. Jesus sempre chamou Deus pelo nome de *pai*, e a fórmula da prece que ensinou começa com essas palavras, tão comuns em Platão, *Pai nosso*. Nem Sócrates nem Jesus nunca escreveram nada. Nem um nem outro instituíram uma religião nova. Se Jesus quisesse estabelecer uma religião, certamente tê-la-ia escrito. Se está dito que Jesus enviou seus discípulos para serem batizados, ele se conformou ao uso. O batismo era da mais alta antiguidade entre os judeus; era uma cerimônia sagrada, emprestada dos egípcios e dos indianos, como quase todos os ritos judaicos. Todos os prosélitos eram batizados entre os hebreus. Os homens recebiam o batismo após a circuncisão. As mulheres prosélitas eram batizadas; a cerimônia só podia ser realizada na presença de pelo menos três anciãos, sem o que a regeneração não se efetuava. Aqueles que, entre os israelitas, aspiravam a uma mais alta perfeição, faziam-se batizar no Jordão. O próprio Jesus fez-se batizar por João, apesar de nenhum de seus apóstolos ter sido batizado.

Se Jesus enviou seus discípulos para expulsar os diabos, já havia muito tempo que os judeus acreditavam curar possuídos e expulsar diabos. O próprio Jesus admite-o no livro que leva o nome de Mateus[16]. Ele afirma que as próprias crianças expulsavam diabos.

Jesus, na verdade, observou todas as instituições judaicas; mas, por todas suas invectivas contra os padres de seu tempo, pelas injúrias atrozes que dirigia aos fariseus, e que lhe atraíram seu suplício, parece que fazia tão pouco-caso das superstições judaicas como Sócrates das superstições atenienses.

Jesus não instituiu nada que tivesse a menor relação com os dogmas cristãos; jamais pronunciou a palavra *cristão*: alguns de seus discípulos só adotaram esse nome mais de trinta anos após sua morte.

A ideia de ousar fazer de um judeu o criador do Céu e da Terra certamente jamais passou pela cabeça de Jesus. Se tomarmos por base os *Evangelhos*, ele estava mais longe dessa estranha pretensão que a Terra do Céu. Diz expressamente antes de ser supliciado: "Vou para meu pai, que é vosso pai, para meu Deus, que é vosso Deus."[17]

Jamais Paulo, por mais ardente entusiasta que fosse, falou de Jesus como de um homem escolhido pelo próprio Deus para reconduzir os homens à justiça.

Nem Jesus nem nenhum de seus apóstolos disse que havia duas naturezas e uma pessoa com duas vontades; que sua mãe era mãe de

---

[16] Mateus, 12, 27.
[17] João, 20, 17.

Deus; que seu espírito era a terceira pessoa de Deus; e que esse espírito procedia do Pai e do Filho. Se alguém encontrar um único desses dogmas nos quatro *Evangelhos*, gostaríamos que nos mostrasse; se retirarmos tudo o que lhe é alheio, tudo o que lhe foi atribuído em diversos tempos no meio das mais escandalosas disputas e dos concílios que se anatematizaram uns aos outros com tanto furor, o que resta? Um adorador de Deus que pregou a virtude, um inimigo dos fariseus, um justo, um teísta; ousamos dizer que somos os únicos de sua religião, que abarca todo o universo em todos os tempos, e que, consequentemente, é a única verdadeira.

Que todas as religiões devem respeitar o teísmo

Após haver julgado pela razão entre a santa e eterna religião do teísmo e as outras religiões tão novas, tão inconstantes, tão variáveis em seus dogmas contraditórios, tão imersas nas superstições, se as julgarmos pela história e pelos fatos, veremos somente no cristianismo mais de duzentas seitas diferentes, todas elas apregoando: "Mortais, comprai comigo; sou a única a vender a verdade, os outros só oferecem imposturas."

Desde Constantino, como sabemos, existe uma guerra perpétua entre os cristãos; ora limitada aos sofismas, às perfídias, às cabalas, ao ódio, ora distinguindo-se pelas carnificinas.

O cristianismo, tal como é, e tal como não deveria ser, foi fundado nas mais vergonhosas fraudes: em cinquenta evangelhos apócrifos; em constituições apostólicas reconhecidamente inautênticas; em falsas cartas de Jesus, de Pilatos, de Tibério, de Sêneca, de Paulo; nas ridículas recognições de Clemente; no impostor que tomou o nome de Hermas; no impostor Abdias, no impostor Marcelo, no impostor Hegésipo; na suposição de miseráveis versos atribuídos às sibilas; e, após essa série de mentiras, vem uma série de intermináveis disputas.

O maometismo, aparentemente mais razoável, e menos impuro, anunciado por um único pretenso profeta, ensinando um único Deus, consignado em um único livro autêntico, divide-se contudo em duas seitas que se combatem com o ferro e em mais de doze que se injuriam com a pena.

A antiga religião dos brâmanes amarga há muito tempo um grande cisma: uns defendem a *Shastabad*, outros a *Othorabad*. Uns acreditam na queda dos animais celestes, no lugar dos quais Deus formou o homem, fábula que em seguida foi adotada na Síria, e mesmo entre os judeus no tempo de Herodes. Os outros ensinam uma cosmogonia contrária.

O judaísmo, o sabismo, a religião de Zoroastro rastejam no pó. O culto de Tiro e de Cartago caiu com essas poderosas cidades. A religião dos Miltíades e dos Péricles, a dos Paulo-Emílios e dos Catões não existem mais; a de Odim está aniquilada; os mistérios e os monstros do Egito desapareceram; a própria língua de Osíris, que se tornou a dos Ptolomeus, é desconhecida para seus descendentes: apenas o teísmo permaneceu em pé entre tantas vicissitudes e, no retumbar de tantas ruínas, imutável como o Deus que é seu autor e objeto eterno.

Bênçãos sobre a tolerância

Bendito sede para sempre, senhor. Estabelestes em vosso país a liberdade de consciência. Deus e os homens vos recompensaram. Vosso povo se multiplica, vossas riquezas aumentam, vossos Estados prosperam, vossos vizinhos vos imitam; essa grande parte do mundo torna-se mais feliz.

Possam todos os governos tomar como modelo essa admirável lei da Pensilvânia, ditada pelo pacífico Penn, e assinada pelo rei da Inglaterra Carlos II, em 4 de março de 1681!

"A liberdade de consciência sendo um direito que todos os homens receberam da natureza junto com a existência, fica firmemente estabelecido que ninguém jamais será forçado a assistir a nenhum exercício público de religião. Ao contrário, é dado pleno poder a cada um de fazer livremente exercício público ou privado de sua religião, sem que possa ser perturbado em nada, contanto que faça profissão de acreditar em um Deus eterno, todo poderoso, formador e conservador do universo."

Por essa lei, o teísmo foi consagrado como o centro em que todas as linhas se encontram, como o único princípio necessário. Assim, o que aconteceu? A colônia para a qual essa lei foi feita era então composta de apenas quinhentas cabeças; hoje conta com trezentas mil. Nossos suabes, nossos saltzburguenses, nossos palatinos, vários outros colonos de nossa baixa Alemanha, suecos, holstentoenses, acorreram em massa para a Filadélfia. Ela se tornou uma das mais belas e mais felizes cidades da Terra, e metrópole de dez cidades consideráveis. Mais de vinte religiões são autorizadas nessa província florescente, sob a proteção do teísmo, seu pai, que não desvia os olhos de seus filhos, por mais opostos que sejam entre si, contanto que se reconheçam como irmãos. Ali, tudo está em paz, ali tudo vive em feliz simplicidade, enquanto a avareza, a ambição, a hipocrisia ainda oprimem as consciências em tantas províncias de nossa Europa: tanto é verdade que o teísmo é gentil, e a superstição, bárbara.

Que toda religião presta homenagem ao teísmo

Toda religião presta, à revelia, homenagem ao teísmo, mesmo que o persiga. São águas corrompidas que se dividem em canais em terrenos pantanosos, mas a fonte é pura. O maometano diz: "Não sou nem judeu nem cristão; remonto a Abraão: ele não era idólatra; adorava um único Deus." Interrogai Abraão: ele vos dirá que era da religião de Noé, que adorava um único Deus. Que Noé fale e ele confessará ser da religião de Seth, e Seth só poderá dizer que era da religião de Adão, que adorava um único Deus.

O judeu e o cristão são forçados, como vimos, a remontar à mesma origem. É preciso que confessem que, segundo seus próprios livros, o teísmo reinou na Terra até o dilúvio, durante 1.656 anos segundo a *Vulgata*, durante 2.262 anos segundo a *Septuaginta*, durante 2.309 anos segundo os *Samaritanos*; e que, assim, considerando o número mais baixo, o teísmo foi a única religião divina durante 2.513 anos, até à época em que os judeus dizem que Deus lhes deu uma lei particular em um deserto.

Enfim, se o cálculo do padre Pétau era verdadeiro; se, segundo esse estranho filósofo que fez, como disseram, tantos filhos com a pena, havia seiscentos e vinte e três bilhões, seiscentos e doze milhões de homens na face da Terra, descendentes de um único filho de Noé; se os dois outros irmãos também tivessem produzido o mesmo tanto; se, consequentemente, a Terra fosse povoada de mais de um trilhão e novecentos bilhões de fiéis no ano 285 depois do dilúvio, e isso perto da época do nascimento de Abraão, segundo Pétau; e, se os homens, naquela época, ainda não haviam corrompido seus caminhos, segue-se evidentemente que havia então cerca de um trilhão e novecentos bilhões de teístas a mais do que hoje homens na Terra.

Advertência a todas as religiões

Por que vos levantais hoje com tanto encarniçamento contra o teísmo, religiões nascidas em seu seio; vós que tendes de respeitável unicamente a marca de seus traços desfigurados por vossas superstições e por vossas fábulas; vós, filhas parricidas, que quereis destruir vosso pai, qual a causa de vossos contínuos furores? Temeis que os teístas vos tratem como tratastes o paganismo, que roubem vossos templos, vossas riquezas, vossas honras? Tranquilizai-vos, vossos temores são quiméricos: os teístas não têm fanatismo, não podem pois fazer mal, não formam um corpo, não têm pretensões ambiciosas; espalhados por toda a superfície da Terra, nunca a perturbaram; o antro mais infecto dos monges mais imbecis pode cem vezes mais sobre o populacho que todos os teístas do mundo; eles não se reúnem, não pregam; não fazem cabalas. Longe de ambicionar os ganhos dos templos, desejam que as igrejas, as mesquitas, os pagodes de tantas aldeias tenham todos uma subsistência honesta; que os curas, os mulás, os brâmanes, os talapães, os bonzos, os lamas dos campos vivam mais largamente para poderem cuidar mais dos recém-nascidos, para melhor socorrer os doentes, para levar mais decentemente os mortos à terra ou à pira; eles lamentam que aqueles que trabalham mais sejam os menos recompensados.

Talvez fiquem surpresos ao ver homens votados por seus juramentos à humildade e à pobreza revestidos do título de príncipe, nadando na opulência e rodeados de um fausto que indigna os cidadãos. Talvez se tenham revoltado em segredo, quando um padre de certo país impôs leis aos monarcas e tributos a seus povos. Desejariam, para a boa ordem, para a equidade natural, que cada Estado fosse absolutamente independente; mas limitam-se a desejos, e nunca pretenderam estabelecer a justiça pela violência.

Assim são os teístas: são os irmãos mais velhos do gênero humano e amam seus irmãos. Assim, não os odieis; suportai aqueles que vos suportam: não façais mal àqueles que nunca vos fizeram mal; não violeis o antigo preceito de todas as religiões do mundo, amar a Deus e aos homens.

Teólogos, que combateis entre vós, não combatais mais aqueles que vos comunicaram vosso primeiro dogma. Mufti de Constantinopla, xerife da Meca, grande brâmane de Benares, imortal dalai-lama da Tartária, infalível bispo de Roma, e vós, seus servidores, que estendeis vossas mãos e vossos mantos ao dinheiro, como os judeus ao maná, usufrui em paz vossos bens e vossas honras, sem odiar, sem insultar, sem perseguir os inocentes, os pacíficos teístas que, formados pelo próprio Deus tantos séculos antes de vós, durarão também mais que vós na infinitude dos séculos. RESIGNAÇÃO, E NÃO GLÓRIA, A DEUS; ELE ESTÁ MUITO ACIMA DA GLÓRIA.

GRÁFICA PAYM
Tel. [11] 4392-3344
paym@graficapaym.com.br